KOMPASS-Lexikon

Die KOMPASS-Wanderkarte 1:30 000, Blatt 873, „Bad Liebenzell – Bad Wildbad" zeigt den Nordschwarzwald im Bereich um Enz und Nagold. Seine nördliche Begrenzung bildet der Südrand der Schmuck- und Uhrenmetropole Pforzheim, die am Zusammenfluss von Enz, Nagold und Würm liegt. Die beiden ersten Flüsse bestimmen mit ihrem teilweise kurvenreichen Verlauf von Süden nach Norden das Bild der Karte. Sie werden beidseitig von Hochflächen aus Buntsandstein umrahmt. Enz, Nagold und Würm mit ihren zahlreichen Nebenflüssen haben die Flächen im Laufe der Jahrtausende in einzelne Platten zerlegt. Auf diesen liegen in dichtem Nadelwald weit verstreut zahlreiche Rodungsinseln mit idyllischen Ortschaften. Besonders in den siedlungsfeindlichen Mittelgebirgslagen des Buntsandsteines ist die Bewaldung ungewöhnlich hoch. In dem dargestellten Raum um Enz und Nagold nimmt der Wald über 70 Prozent der Gemarkungsflächen ein, wobei der Nadelholzanteil um 90 Prozent beträgt.

Geschichte

Die Auffindung von Ringwällen wie am Rudersberg bei Calw lässt auf eine Besiedlung des Raumes zur Eisenzeit schließen. Die Anwesenheit der um 400 v. Chr. in die Oberrheinebene und den Kraichgau vordringenden Kelten lässt sich bislang nicht nachweisen. Zu einer Bereicherung der Kulturlandschaft kam es erst mit den ab 15 v. Chr. vorrückenden Römern. Vor allem im Raum um Pforzheim sind heute noch vielerorts Reste von Gutshöfen und Straßenanlagen zu besichtigen. 300 Jahre später fielen die Alemannen ein und drängten die Römer zurück. Im Jahr 496 kam es in Zülpich zu einer entscheidenden Schlacht zwischen den Alemannen und den sich gegen Westen ausbreitenden Franken, was schließlich zur Bildung der alemannisch-fränkischen Stammesgrenze von Leonberg über Calw und Enzklösterle nach Baden-Baden führte. Die ersten Niederlassungen beider Stämme dürften Kleinsiedlungen und Einzelhöfe gewesen sein. Die eigentliche Rodungskolonisation in den Waldgebieten fand erst im Hoch- und Spätmittelalter auf Betreiben der Herrschaftshäuser statt. Zu den eifrigsten Kolonisatoren des Nordschwarzwaldes zählten die Grafen von Calw, die sich um die Erschließung der Enz-Nagold-Platte bemühten. Die Besiedlung der Talzonen setzte erst später ein und wurde vielerorts von Klöstern getragen. Diese wurden vor allem mit der Flößerei, der Entdeckung von Heilquellen und der Ausnützung der Wasserkraft verstärkt. Viele der damals entstandenen Städte weisen in ihrer Anlage auf eine geplante Siedlung hin. Bemerkenswert ist die relativ geringe Größe der städtischen Siedlungen des Nordschwarzwaldes. Den wirtschaftlichen Schwerpunkt der Enz-Nagold-Platte bildet die Holzwirtschaft. Mit Ausnahme kleiner unscheinbarer Gewerbebetriebe gibt es eine namhafte Industrie nur in Pforzheim. Nicht zuletzt deshalb gehört diese Landschaft zu einem bevorzugten Erholungsgebiet im Schwarzwald. Dazu kommt die jahrhundertealte Bädertradition von Bad Liebenzell, Bad Teinach-Zavelstein

henswerte Baudenkmäler, kulturelle E
sowie ein gut ausgebautes Wanderw
Enz und Nagold besonders lohnend u

Geologie

Das im Südwesten der Bundesrepublik
nes der größten zusammenhängenden
im Norden bis zum 170 Kilometer entfe   am Hochrhein. Im südlichen Teil wird es bis zu 60 Kilometer breit. Schon seit jeher übt der Schwarzwald auf viele Urlauber und Wanderfreunde eine überaus große Anziehungskraft aus. Nicht zu Un-

recht zählt diese mit dunklen Wäldern, tiefgründigen Seen und idyllischen Siedlungen ausgezeichnete Landschaft zu den bekanntesten Europas. Markant ist seine Gegensätzlichkeit zur westlich angrenzenden Oberrheinischen Tiefebene. Dort das von hektischem Verkehr, Industrie, großen Siedlungen und alter Kultur gekennzeichnete Rheintal, hier ausgedehnte, kühle Wälder, dünnbesiedelte Täler, Schluchten, einsame Höhen und wunderbare Seen. Der Schwarzwald mit seinen einladenden Dörfern und Kleinstädtchen bietet sich zum Wandern an.

Der **geologische Aufbau** des Schwarzwaldes ist äußerst vielfältig und interessant. Er ist eine Grundgebirgspultscholle aus Para- und Orthogneisen in Kontakt mit vier variszischen Granitstöcken. Dieses kristalline Grundgebirge wurde mit seiner von Sedimenten überlagerten Decke im Zuge der tertiären Gebirgsbildung angehoben. Gleichzeitig senkte sich der Rheingraben ab, so dass beträchtliche Höhenunterschiede zwischen der nur ganz leicht gegen Norden abfallenden, 300 Kilometer langen Rheinebene, den Erhebungen des Schwarzwaldes und den tektonisch und morphologisch spiegelbildlich angeordneten Vogesen entstanden. Das Geschehen der Gebirgsbildung ist im Raum des Oberrheingrabens noch in vollem Gange, was ein jährliches Absinken der Ebene um etwa 1 Millimeter beweist. Die Hebung des Mittelgebirges erfolgte im Süden am stärksten. Im niedrigeren Nord- und Ostschwarzwald konnte sich der Buntsandstein als Teil der ehemaligen erdgeschichtlich mittelalterlichen Sedimentdecke erhalten. In den übrigen Teilen kam es bei der jungtertiären Heraushebung an den Randbrüchen zu einer Entmantelung. Reste der alten Ablagerungen sind nur in den Bruchschollen der westlichen Vorbergszone erhalten. Dieser Bruchschollenlandschaft im Westen mit ihrer schluchtartigen Zertalung durch gefällsreiche Flüsse steht die Schichtstufenlandschaft im Osten mit ihrer auffälligeren Zertalung, häufig sogar muldenförmigen Tälern und ausgedehnten Rumpfflächen gegenüber.

Aufgrund der ungleichmäßigen Heraushebung lässt sich der Schwarzwald in drei orographisch unterschiedliche Räume untergliedern: Der am stärksten herausgehobene **Südschwarzwald,** der im 1493 Meter hohen Feldberg gipfelt. Diese von einem flachen Plateau geprägte Erhebung war im Pleistozän das Zentrum einer Kappenvereisung, von der bis zu 21 Kilometer lange Talgletscher ausströmten. In ihren Zungenbecken bildeten sich später Seen (z. B. der Titisee).

Der **Mittlere Schwarzwald** umfasst die Landschaft um Kinzig und Elz, die wesentlich weniger an der Hebung beteiligt gewesen war. Ihr Bild wird im Bereich des kristallinen Gesteins von abgerundeten Rücken und Kuppen sowie teilweise stark beschnittener Oberfläche bestimmt. Lediglich in Mulden und im Osten treten Buntsandsteinreste in Form von Hochflächen, teilweise auch als abgeflachte Firste auf. Höhen von 1000 Metern werden fast nirgends erreicht.

Der zweite Hebungsbereich ist der **Nordschwarzwald** mit seiner ausgedehnten, bis zu 250 Meter mächtigen Buntsandsteinbedeckung. In seinem Westteil kam es infolge der Anschneidung des Kristallinsockels durch die tiefer eingeschnittenen Täler von Murg, Enz, Forbach, Rau- und Schönmünzach zur Ausbildung eines Schwerkstockbaues. Typisch für den Buntsandstein sind saure, humusarme und teilweise vermoorte Böden sowie flache Quell- oder Talmulden und meist mit Wasser angefüllte Kare (z. B. Mummelsee, Glaswaldsee) an den Schattenseiten der höheren Erhebungen.

Aufgrund seiner weiten Nord-Süd-Erstreckung und orographischen Spannweite hat der Schwarzwald Anteil an mehreren **Klimazonen,** die vom Weinklima in der Oberrheinebene bis zu alpinen Klimazügen reichen. Verursacht durch seine Querlage zu den niederschlagsreichen Westwinden zeigt das Klima viele ozeanische Merkmale auf, wie gerin-

Geologische Karte des Schwarzwaldes

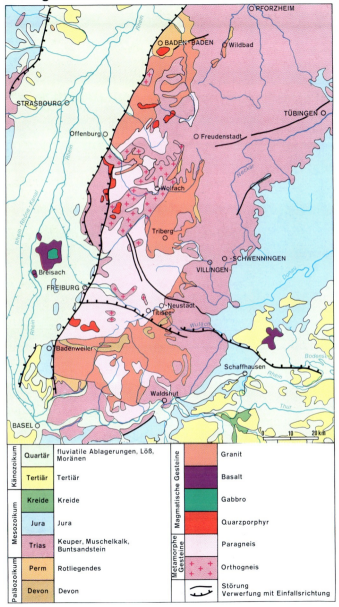

ge Wärmeschwankungen, einen zum Zentrum hin ansteigenden Regenreichtum, hohe Luftfeuchtigkeit und häufige Bewölkung sowie milde, aber schneereiche Winter. Den meisten Niederschlag empfängt der Nordschwarzwald, wo die Hornisgrinde im Durchschnitt etwa 2000 mm Niederschlag pro Jahr erhält. In der Regel fällt der meiste Niederschlag im Frühsommer und Dezember.

Der Wald

„Schwarzer Wald" – dieser Name macht deutlich, dass der Charakter des waldreichsten Mittelgebirges Baden-Württembergs von alters her durch die Tanne geprägt war. Sie bildet zusammen mit der Buche den Hauptbestandteil der natürlichen Bewaldung.

In den unteren Lagen bis etwa 500 m sind von Natur aus artenreiche Laubwälder mit hohem Eichenanteil, in den mittleren Lagen von 500 bis 1000 m Buchen-Tannen-Wälder und darüber Tannen-Fichten-Buchen-Wälder heimisch. Dies zeigt, dass der ursprüngliche Anteil der Fichte relativ gering war. Sie blieb weitgehend auf die Hochlagen des Schwarzwalds beschränkt. Heute ist die Fichte im Schwarzwald auf ca. 50% der Waldfläche vertreten, die Tanne auf 20%, Kiefer und Lärche zusammen auf 10%. Die Buche – einstmals die zweitwichtigste Baumart – kommt auf 14%, die Eiche auf 3% und das sonstige Laubholz ebenfalls auf 3% der Waldfläche vor. Das Verhältnis Nadelholz zu Laubholz beträgt somit 80:20%.

Dem starken Rückgang der Tanne – der vielerlei Ursachen hat – wird bereits seit Jahren seitens der Forstverwaltung entschieden und mit gutem Erfolg entgegengetreten. Die Tanne soll vor allem in mittleren und höheren Lagen Hauptholzart bleiben bzw. wieder zur Hauptholzart werden, da sie hier – vor allem bedingt durch die hohen Niederschläge (bis 2000 mm pro Jahr) die besten Voraussetzungen für ihr Gedeihen vorfindet. In der Mischung mit Buche und Fichte weist sie eine höhere Widerstandskraft gegen Sturm- und Schneebruchschäden auf als reine Fichtenbestände.

Neben den vorherrschenden Nadelbäumen Tanne und Fichte spielen die Schwarzwälder Höhenkiefern sowie die Douglasie nur eine untergeordnete Rolle. Die Schwarzwälder Höhenkiefer kommt im nördlichen Schwarzwald zwischen Nagold, Enz und Murg, im südlichen Schwarzwald und auf der Baar zwischen Neustadt und Villingen vor und nimmt in diesen Gebieten Waldflächenanteile von 27 bzw. 18% ein. Diese Kiefernrasse hat in der Bundesrepublik Deutschland Seltenheitswert und ist wegen ihres gleichmäßigen, engringigen und feinästigen Holzes vor allem beim Fensterbau sehr begehrt.

Die Douglasie wird vor allem auf trockenen Hängen in den mittleren und unteren Lagen des westlichen Schwarzwaldes angebaut, die der Tanne und auch der Fichte nicht mehr zusagen.

Aufgaben des Waldes

a) Rohstoffproduzent

In einer Zeit, in der so viel über die Energieeinsparung und Umweltverschmutzung geredet wird, kann der Wald als vorbildliche „Produktionsstätte" gelten: die „Erzeugung" des Rohstoffes Holz erfolgt nämlich mit kostenloser Sonnenenergie und statt schädlicher Abluft entlassen die als Produktionsstätten dienenden Blattorgane der Bäume den lebenswichtigen und als „gute Waldluft" hochgeschätzten Sauerstoff in die Umwelt. Im Hinblick auf die steigenden Energiepreise und die zunehmende Rohstoffverknappung gewinnt der umweltfreundliche und stets nachwachsende Rohstoff Holz eine immer größere Bedeutung.

b) **Wasserspeicher**

Durch die intensive Durchwurzelung und die sehr aktive Bodenlebewelt weist der

Waldboden in der Regel einen größeren „Grobporenanteil" auf als das umgebende Freiland und kann deshalb mehr Wasser speichern – zwischen 50 und 200 Liter unter einem Quadratmeter Waldboden. Selbst größere Niederschläge werden im Waldboden festgehalten und langsam an die Umgebung abgegeben. Große, zusammenhängende Waldgebiete können auf diese Weise Überschwemmungen verhindern und für einen ausgeglichenen Wasserhaushalt – selbst in längeren Trockenperioden – sorgen. Das Wasser aus Waldgebieten ist überdies von hervorragender Qualität, da Verschmutzungsquellen fehlen und der Waldboden eine starke biologische Filterwirkung ausübt.

c) **Luftfilter und Schalldämpfer**

An der großen Oberfläche der Blatt- und Nadelmasse der Wälder bleibt ein Großteil der Staubpartikel hängen und wird damit der menschlichen Atemluft entzogen. Ebenso können die Blätter und Nadeln schädliche Gase – wie z. B. Schwefeldioxyd und Fluor-Wasserstoff – binden. Besonders in den industriellen Ballungsgebieten können die Wälder entscheidend zur Luftreinhaltung beitragen. Die Erhaltung einer ausreichenden Waldfläche ist hier besonders wichtig.

d) **Klimaregulator**

Große, zusammenhängende Waldflächen in der Nähe von Siedlungen können das Klima günstig beeinflussen. Die aufgeheizte und verschmutzte Luft aus dem Siedlungsraum lagert sich am Kronendach an, um am Abend bei nachlassender Sonneneinstrahlung in den Wald abzusinken. Frische und saubere Luft strömt anstelle der verbrauchten in den Siedlungsraum nach. Wälder können aber auch Forstschäden an landwirtschaftlichen Kulturen verhindern und Straßen sowie Siedlungen vor starkem Wind schützen.

e) **Stätte der Erholung**

Die Erholung im Wald erfreut sich einer zunehmenden Beliebtheit. Das Arbeiten in unserer verstädterten Umwelt verbunden mit Leistungsdruck, Terminzwängen, starker nervlicher Beanspruchung und Bewegungsarmut lassen den Menschen nach Erholung in natürlicher Umgebung suchen. In den Wäldern mit ihrer noch weitgehend

Seit Jahrhunderten der Haupterwerbszweig im Schwarzwald: die Holzverarbeitung

natürlichen Vegetation, ihrer kühlen, reinen Luft und der sprichwörtlichen „Waldesruhe", die nur unterbrochen wird vom Zwitschern der Vögel und dem Rauschen mächtiger Bäume ist dies noch ohne Einschränkung möglich.

Dem Erholungsbedürfnis der Bevölkerung wird bereits seit Jahren durch ein gut ausgebautes und gekennzeichnetes Wanderwegenetz sowie durch vielfältige, der Landschaft angepasste Erholungseinrichtungen Rechnung getragen. Eine Umfrage untermauert die Bedeutung der Wälder für die Erholung: Alleine in Baden-Württemberg suchen rund sechs Millionen Menschen einmal in der Woche den Wald auf.

Der Wald in diesem Kartenblatt

Das Kartenblatt umfasst den nordöstlichen Teil des Nordschwarzwaldes, der hier einen Waldanteil von über 70% aufweist.

Ein Blick auf die Karte verrät jedoch, dass auch hier Unterschiede im dargestellten Bereich bestehen: Im Westen herrschen die armen Böden des Mittleren Buntsandsteins vor. Sie sind – bis auf die schmalen Talbereiche – fast ausschließlich vom Wald bedeckt. Im östlichen Gebiet treten dagegen auf den Hochflächen die landwirtschaftlich ertragreicheren Böden des Oberen Buntsandsteins zutage. Die Gemeinden, die wie Inseln in der Waldlandschaft liegen, sind daher von einem breiten Gürtel mit Acker- und Feldfluren umgeben, die – landschaftlich reizvoll – wieder in den Wald übergehen.

Ein Nadelholzanteil von über 90% gibt diesem Gebiet des Schwarzwaldes seinen Namen zurecht. Er verrät die existentielle Bedeutung, welche Forst- und Holzwirtschaft für die Bevölkerung dieses Raumes durch die Flößerei und das Waldgewerbe einst besaßen. Aber auch heute hat der Wald noch eine große wirtschaftliche Bedeutung.

Bezeichnend für die Waldwirtschaft, insbesondere des westlichen Gebietes, ist der „Plenterwald". Seine prägenden Baumarten sind Tanne, Fichte und Buche. In der Plenterwaldwirtschaft werden die Bäume – im Gegensatz zum sogenannten „Altersklassenwald" – nicht flächenweise genutzt, vielmehr beschränkt sich der forstliche Eingriff auf die Entnahme der starken Stämme und die Förderung des meist aus dem Samen des Altbestandes entstandenen „Nachwuchses". Diese Bewirtschaftungsform hat zur Folge, dass auf einer Waldfläche Bäume aller Altersstufen nebeneinander vertreten sind, was dem Wald ein urwüchsiges, beeindruckendes Aussehen verleiht.

Im Bereich der Enz-Nagold-Platte wächst die weithin bekannte, qualitativ hochwertige Enztal-Kiefer. Bezeichnend für die Kiefernwirtschaft ist der sogenannte „Überhaltsbetrieb".

Das heißt, eine Kieferngeneration wächst mit zwei Generationen meist von Fichten und Buchen heran, ehe sie nach rund 160 Jahren mit dieser zweiten Generation geerntet werden kann. Der Übergang von der ersten auf die zweite begleitende Waldgeneration ist im besonderen Maße landschaftlich reizvoll: Alte, hochgewachsene Kiefern ragen mit ihren weithin sichtbaren, rot leuchtenden Stämmen weit über den nachwachsenden jungen Wald hinaus, ehe sie nach rund 50 Jahren von diesem eingeholt werden.

In der **Fauna** der Wälder sind vor allem Wildschweine, Rehe und Füchse, Dachse und Eichhörnchen vertreten. Rotwild ist auf den nördlichen Schwarzwald beschränkt. Vor mehreren Jahren am Feldberg ausgesetzte Gämsen haben sich stark entwickelt und sind bereits in vielen Gebieten des Schwarzwaldes anzutreffen.

Die schon seit jeher offenen und waldfreien Randlandschaften des Schwarzwaldes sind ein uralter Kulturboden. Die Funde reichen hier bis in die mittlere Steinzeit zurück. Das dicht bewaldete Mittelgebirge hingegen wurde von der vor- und frühgeschichtlichen Bevölkerung gemieden. Spärliche Überreste weisen auf die ehemalige Existenz von keltischen Fliehburgen hin. Zur Römerzeit zählte der Schwarzwald zum Decumatenland.

Durch das Kinzigtal wurde eine Militärstraße angelegt, zur Anlage von Siedlungen kam es jedoch nicht. Die Thermen von Baden-Baden und Badenweiler hingegen wurden zu „Luxusbädern" ausgebaut. Auch von der alemannischen Landnahme blieb das Gebiet unberührt. Eine großräumige **Besiedlung** setzte erstmals im Zuge der hoch- und spätmittelalterlichen Rodungskolonisation ein. Die Niederlassungen in den Wäldern wurden von Adelsgeschlechtern gelenkt, welche sich hier geschlossene Territorien aufbauten. Sie entstanden meist an Stellen, die seit dem 7. Jahrhundert als Weide- oder Rastplätze genutzt wurden. Eine starke Siedlungszunahme brachte der im 13. Jahrhundert aufkommende Bergbau, dessen Blütezeit nur etwa zwei Jahrhunderte andauerte. Aber auch die Klöster haben einen bedeutenden Anteil an der Siedlungsarbeit. Diese, meist waren es Benediktiner, unterhielten in abgelegenen Höhen und Tälern ihre „Zellen". Charakteristische Siedlungsformen der mittelalterlichen Rodung im Schwarzwald waren Waldhufendörfer, Weiler und Einzelhöfe. In den Tälern kam es zur Anlage von Zinken. Selbstverständlich treten vereinzelt (z. B. Freudenstädter Graben) sowohl altersmäßig, als auch formal unterschiedliche Flurformen auf. Mit der Siedlungsausbreitung bis in die obersten Schwarzwaldtäler war die Anlage von Höhenwegen verbunden. Die Städte sind durchwegs mittelalterliche Gründungen und in der abseits der Hauptverkehrswege liegenden Waldlandschaft fast alle relativ klein geblieben. Den größten Aufschwung nahm Baden-Baden aufgrund seiner weltberühmten Thermen und der Randlage zur Oberrheinebene.
Die **Landwirtschaft** wird durch das Dominieren der groß- mittelbäuerlichen Betriebe vor allem im südlichen und mittleren Schwarzwald geprägt. Nördlich davon führte die Realteilung teilweise zur Güterzersplitterung. Es werden vor allem die ebeneren Flächen, Talgründe und Terrassen bebaut. Gehänge, die Höhen sowie das Gebiet des Hauptbuntsandsteins sind dem Wald vorbehalten. Vor allem im Kniebis- und Hohlohgebiet dehnen sich riesige Wälder aus, in denen man ganze Tagesmärsche zurücklegen kann, ohne größere Ansiedlungen zu berühren. In den höheren und mittleren Lagen des Schwarzwaldes wird als Bodennutzung die Graswirtschaft, verbunden mit einer hochstehenden Viehzucht, betrieben. Im Norden und Ostteil tritt vor allem die Feld-Gras-Wirtschaft auf. Beim Obstbau herrscht die Kirsche (Schwarzwälder Kirschwasser) vor. Wein gedeiht nur an den Hängen der Talausgänge zur Oberrheinebene.
Wie die meisten aus älteren Formationen zusammengesetzten Mittelgebirge weist auch der Schwarzwald eine Vielzahl von Erzgängen (silberhaltige Bleierze, Zinkblende, Kupfer, Kobalt, Eisenerz u. a.) auf, welche jedoch gegenwärtig wirtschaftlich ohne Belang sind. Nur im Münster- und Wiesental wird noch Flussspat abgebaut.
Nach dem Verfall des Silberbergbaues im 15. Jahrhundert wurde als Ersatz Heimarbeit betrieben. Es war dies vor allem die Herstellung von Holzwaren, ab Mitte des 18. Jahrhunderts in einigen Dörfern die Uhrmacherei. Daneben wurde das Waldgewerbe (Köhlerei, Glashütten, Sägereien) betrieben. Aus dieser Hausarbeit entwickelte sich allmählich die **Industrie**, wie die weltberühmte Uhrenindustrie, die Herstellung mechanischer Musikwerke und die Eisen- und Maschinenindustrie im Norden. Dazu kommt die Papierindustrie und die Ausnutzung der Wasserkraft am Hochrhein, an Murg und Schwarzenbach. Eine besondere Erwähnung verdienen die aus den Klüften des Grundgebirges hervortretenden Heilquellen, die viele berühmte Kurorte wie Baden-Baden, Bad Wildbad, Badenweiler und Bad Liebenzell entstehen ließen. Von großem wirtschaftlichen Wert sind die weite Waldlandschaft und die Kurgäste, welche die reine, frische Waldluft schätzen.

Touristenstraßen

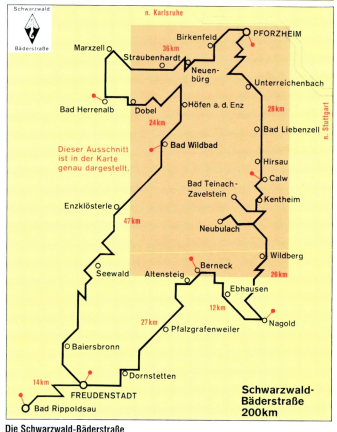

Schwarzwald-Bäderstraße 200km

Die Schwarzwald-Bäderstraße

Auf einer Rundstrecke von etwa 200 Kilometern führt die Schwarzwald-Bäderstraße durch die Berglandschaft um die Enz, Nagold und den Oberlauf der Alb. Von der Goldstadt Pforzheim ausgehend, verbindet sie eine Reihe bekannter Kurorte miteinander. Eine besondere Berühmtheit erlangten die in den tief eingeschnittenen Tälern liegenden Heilbäder, die an Mineral- und Thermalquellen entstanden sind. Es sind dies vor allem Bad Liebenzell und Bad Teinach-Zavelstein im Nagoldtal, Bad Wildbad im Enztal, Bad Rippoldsau in der Nähe von Freudenstadt und Bad Herrenalb im Albtal. Dazwischen liegen heilklimatische Kurorte wie Freudenstadt und Schömberg, zahlreiche prädikatisierte Luftkurorte, idyllische Städtchen und Dörfer. Diese werden von einer prächtigen Waldlandschaft umgeben, die durch ein gut ausgebautes Wanderwegenetz erschlossen ist. Mehrere von der Bäderstraße abzweigende Querverbindungen und Abkürzungen führen zu weiteren reizvollen Zielen.

Schwarzwald-Fernwanderwege

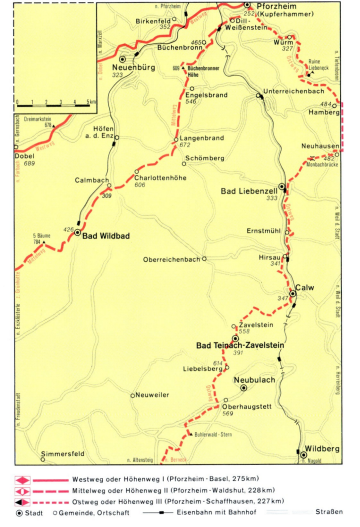

▬▬▬ Westweg oder Höhenweg I (Pforzheim - Basel, 275 km)
– – – Mittelweg oder Höhenweg II (Pforzheim - Waldshut, 228 km)
- - - - Ostweg oder Höhenweg III (Pforzheim - Schaffhausen, 227 km)
⊙ Stadt   ○ Gemeinde, Ortschaft   ━━■━━ Eisenbahn mit Bahnhof   ══════ Straßen

Der Westweg von Pforzheim nach Basel:
Der im Jahr 1880 errichtete Höhenweg führt über die höchsten Erhebungen des Schwarzwaldes und ist insgesamt 275 Kilometer lang. Sein Wegzeichen ist eine rote

volle Raute auf weißem Grund. Er verläuft von Pforzheim über Forbach und den Mummelsee zur Alexanderschanze und weiter über Hausach und die Wilhelmshöhe zum Feldberg, 1493 m. Hier gabelt sich der Westweg in eine westliche Strecke, die über den Belchen nach Kandern und Basel führt, sowie in eine östliche Strecke, die über den Weißenbachsattel und Schweigmatt nach Basel verläuft. Der Westweg ist auf weiten Strecken mit dem Europäischen Fernwanderweg E 1, der von Flensburg nach Genua verläuft, identisch.

Wegverlauf im Abschnitt Pforzheim – Neuenbürg – Dobel: Man beginnt am besten den

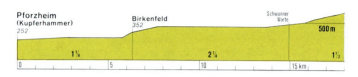

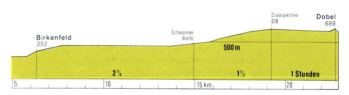

Westweg in Pforzheim-Kupferhammer beim Auerbachdenkmal. Zunächst der Nagold entlang führt der Weg dann aufwärts zum Stadtteil Sonnenberg. Nach der Unterführung der Büchenbronner Straße geht es hinab in das Enztal, wo der Fluss überquert und der Weg nach Birkenfeld eingeschlagen wird. Südlich des Ortes vorbei folgt man nun dem Westweg durch ein dichtes Waldgebiet hoch über der Enz nach Neuenbürg, das man am oberen Stadtrand umgeht. Kurz danach verlässt man die kurzzeitig entlanggewanderte Bäderstraße und wendet sich dem Weg zur Wilhelmshöhe zu. Über die Ortschaft Schwann gelangt man schließlich zur Schwanner Warte mit einem kleinen Aussichtsturm. Nach Überschreiten der Straße Schwann-Dennach führt der gut ausgebaute Westweg über die Herzogswiesen zum Dreimarkstein. Ab dort folgt man südwestwärts dem Fahrweg am Volzemer Stein vorbei nach Dobel. (Anschluss siehe KOMPASS-Wanderkarte Blatt 872 „Baden-Baden – Murgtal".)

Der Mittelweg von Pforzheim nach Waldshut-Tiengen:
Der Mittelweg ist einer der klassischen Höhenwege durch den Schwarzwald. Er wurde im Jahr 1903 eröffnet und hat eine Gesamtlänge von 228 Kilometern. Sein Wegzeichen ist eine rote Raute mit weißem Balken auf weißem Grund. Der vielbegangene Weg führt über die mittleren Schwarzwaldhöhen und erreicht seinen höchsten Punkt auf dem 1190 Meter hohen Hochfirst.

Wegverlauf im Abschnitt Pforzheim – Langenbrand – Bad Wildbad – Grünhütte: Der Mittelweg beginnt in Pforzheim-Kupferhammer und führt über den Rücken des Hämmerlesbergs zum Stadtteil Dill-Weißenstein. Dort wird die Nagold überquert. Angenehm ansteigend geht es nun nach Büchenbronn. Südlich des Ortes kommt man in der Nähe des Tiergeheges und Hermannsees vorbei und gelangt zum Aussichtspunkt Büchenbronner Höhe. Jenseits geht es hinab nach Engelsbrand, das im Ortszentrum durchquert wird.

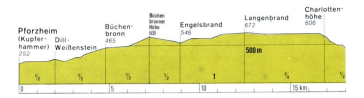

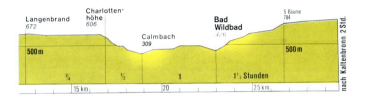

Ab dort folgt der Mittelweg einem Fahrweg, der durch herrliches Waldgebiet und ohne große Höhenunterschiede nach Langenbrand führt. Kurz vor Schömberg biegt der Weg nach Westen zur Charlottenhöhe ab. Einem kleinen Tälchen folgend, steigt man hinab nach Calmbach an der Enz. Ziemlich eben geht es nun am Fuß des Meisternkopfes entlang nach Bad Wildbad. Nach Überschreiten der großen Enz verläuft der Weg entlang dem Auchhalderweg zur Kreuzung Fünf Bäume. Großteils durch Wald nimmt der Mittelweg seinen weiteren Lauf über den Mittelberg zur Grünhütte und am Wildsee vorbei nach Kaltenbronn. (Anschluss siehe KOMPASS-Wanderkarte Blatt 878, „Freudenstadt – Baiersbronn".)

Der Ostweg von Pforzheim nach Schaffhausen:
Der im Jahr 1903 errichtete Höhenweg auf der Ostseite des Schwarzwaldes ist insgesamt 227 Kilometer lang. Sein Wegzeichen ist eine schwarz-rote Raute auf weißem Grund. Er führt von Pforzheim über Bad Liebenzell und Pfalzgrafenweiler nach Freudenstadt und weiter über Aichhalden, Villingen und Achdorf nach Schaffhausen.
Wegverlauf im Abschnitt Pforzheim – Calw – Dreitannenhütte: Von Pforzheim-Kupferhammer verläuft der Ostweg zunächst durch das liebliche Würmtal bis zum Stadtteil Würm, wo man den Besuch des Alpengartens nicht versäumen sollte. Am östlichen Ortsrand werden der Würmfluss und die Straße überquert. Angenehm ansteigend geht es nun oberhalb des Würmtales entlang zur Ruine Liebeneck, wo man in das Tal absteigt und sich an dessen Westseite nach links wendet. Gemächlich aufwärts wandernd ist man nach etwa einer Stunde in Hamberg. Kurz darauf wird die Burg Steinegg erreicht. In einer großen Schleife führt der Ostweg nun zum Bürain und unweit der St.-Wendelin-Kapelle vorbei nach Neuhausen. Parallel zur Straße geht es von dort hinab in das Monbachtal, dem man bis zur Einmündung in das Nagoldtal folgt. Weiter verläuft der Ostweg in südlicher Richtung der Nagold entlang nach Bad Liebenzell. An der östlichen Talseite verbleibend folgt man weiter der Nagold bis nach Hirsau, wo man den Fluss überschreitet. Am Fuß des Altburger Berges entlang wandernd ist man nach einer Stunde in der Stadt Calw, die allerdings nur an ihrem Westrand berührt wird. Ziemlich abwechslungsreich setzt sich der Ostweg über den Gimpelstein (Aussicht) und die Zavelsteiner Brücke nach Zavelstein fort, wo man nach Bad Teinach hinabwandert. Nachdem man

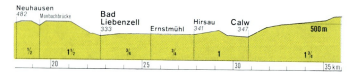
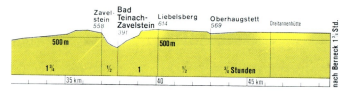

anschließend durch herrlichen Wald nach Liebelsberg aufgestiegen ist, verläuft der Weg ziemlich kurzweilig durch Wälder und Moorlandschaften am Ortsrand von Oberhaugstett vorbei zum Stern, einer markanten Wegkreuzung. Weiter folgt man der schwarz-roten Raute nach Südwesten, überquert die Straße Gaugenwald – Wart und erreicht bald darauf die Dreitannenhütte, von wo man in etwa 2½ Std. zur Stadt Altensteig gelangt.

Eine Bitte
Nimm Deine Abfälle
wieder mit nach Hause!

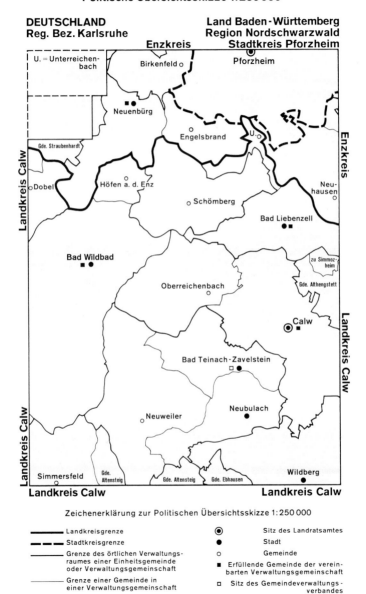

Ortsbeschreibungen:

Die Telefon- und Faxnummern der Tourismusverbände bzw. Gemeindeämter finden Sie auf Seite 40.

ALTENSTEIG: siehe unter SIMMERSFELD

Idyllische Waldwege laden zu ausgedehnten Spaziergängen ein

BAD LIEBENZELL D 4

Stadt, Landkreis Calw, Einwohner: 9235, Höhe: 330 – 660 m, Postleitzahl: D-75378. **Auskunft:** Tourist-Info Bad Liebenzell. **Bahnstation:** Bad Liebenzell. **Busverbindung:** nach Calw, Horb, Weil der Stadt, Pforzheim und Bad Wildbad.

Bad Liebenzell, das liebenswerte Badestädtchen mit Tradition, liegt in einer sonnigen und windgeschützten Erweiterung des Nagoldtals und ist von einem dichten Tannenwaldgürtel umgeben.

Das Wahrzeichen der Stadt, die Burg Liebenzell, stammt aus dem 13. Jahrhundert und überragt die Stadt mit dem 34 m hohen Bergfried und der 20 m hohen Schildmauer.

Schon im 10. Jahrhundert stand hier eine vom Kloster Hirsau eingerichtete "Zelle", die von Nonnen bewohnt wurde und dem Ort zu seinem Namen verhalf. Schon der Arzt Paracelsus schätzte die "Zeller Quellen", die seit dem 15. Jahrhundert für Kuren genutzt werden. Bad Liebenzell hatte zu dieser Zeit bereits zwei Bäder. Paracelsus rühmte diese Bäder im Jahre 1526 und wurde so zum Namensgeber der Paracelsus-Therme, ein modernes Mineral- und Thermalbad mit 30°, 32° und 34° C warmen Bewegungsbecken. Die Sauna "Pinea" gilt unter Kennern als schönste Saunalandschaft Süddeutschlands. Das Fitnessparadies mit finnischen Blockhaussaunen, Bio-Saunarium und Dampfgrotte und dem Ruheraum "Silencio", lädt zum Ausspannen und Kraft tanken ein.

Bad Liebenzell wurde mit den Prädikaten Luftkurort sowie Heilbad ausgezeichnet und besitzt zahlreiche Mineral-Thermalquellen, die sich seit vielen Jahrhunderten bei der Behandlung von rheumatischen Erkrankungen, Gefäß- und Kreislauferkrankungen, aber auch bei Frauenleiden, bewährt haben.

Paracelsus-Therme in Bad Liebenzell

Bad Liebenzell wurde in den frühen 70er Jahren durch die Eingemeindung der Höhenorte Beinberg, Maisenbach-Zainen, Monakam, Möttlingen, Unterhaugstett und Unterlengenhardt vergrößert. Diese von der Sonne begünstigten Höhenorte werden von weiten Waldgebieten umrahmt und bieten ideale Voraussetzungen zum Wandern.

Sehenswert in der Stadt und in der Umgebung
Die **Burg** mit mächtigem Bergfried, um 1200 erbaut, war einst die bedeutendste Burg des Württembergischen Schwarzwaldes. Ihr romanisches Kernwerk umgaben mächtige Vorwerke und lange Flügelmauern, die einst mit der Stadtfeste in Verbindung standen. Der Turm zeigt noch alte Zinnen und Schießkammern. Im 14. Jahrhundert residierten in der Burg die Markgrafen von Baden, ab 1604 die Herzöge von Württemberg. Die dem Verfall preisgegebene Burg wurden in den letzten Jahrzehnten wieder aufgebaut und findet als Tagungsstätte des "Internationalen Forums Burg Liebenzell" Verwendung. – **Evangelische Stadtkirche** mit einem Chor aus dem 13. Jahrhundert. – **Missionsmuseum**. – **Monakamer Altar**. – Brunnentempel der **Reuchlinquelle**. – **Kurpark** mit dem Planetenweg und einem Apothekergarten.

Spazier- und Wanderwege
Zur Burg, ½ Std. – Nach Ernstmühl, ¾ Std. – Zur Monbachbrücke auf dem Ostweg, 1½ Std. – Nach Unterhaugstett, 1½ Std. – Zur Hummelberger Höhe, 1¾ Std. – Nach Schömberg über die Burg Liebenzell, 2 Std. – Nach Calmbach über Schömberg, 3 Std. – Nach Calw auf dem Ostweg über Hirsau, 2¾ Std. – Nach Weil der Stadt über das Monbachtal und Möttlingen, 5 Std. – Nach Pforzheim zum Kupferhammer über Monbachtal, Schellbronn, Hohenwart und Würm, 5 Std. – Nach Bad Teinach über das Kollbachtal, Oberkollbach, Altburg und Zavelstein, 5½ Std.

BAD TEINACH – ZAVELSTEIN   C 7

Stadt, Landkreis Calw, Einwohner: 2 800, Höhe: 340 – 740 m, Postleitzahl: D-75385. **Auskunft:** Teinachtal Touristik Bad Teinach-Zavelstein. **Bahnstation:** Bad Teinach (3 km). **Busverbindung:** nach Calw.

Bad Teinach-Zavelstein liegt etwa 30 Kilometer südlich von Pforzheim im romantischen, tiefeingeschnittenen Tal der Teinach. Bad Teinach und Zavelstein werden durch eine Steilstufe voneinander getrennt und von reich bewaldeten Höhen umgeben. Bereits 1345 war Bad Teinach wegen seiner Mineralquellen bekannt und vielbesucht. In diesem Jahr kam der Ort gemeinsam mit Zavelstein an Württemberg. Im 18. Jahrhundert wurde Bad Teinach für längere Zeit von den württembergischen Fürsten zur Sommerresidenz auserwählt. Den Ruf des Bades hat die Hirschquelle begründet, die der Legende nach von einem Hirsch entdeckt wurde. Bad Teinach ist heute ein modernes Heilbad zur Behandlung von Herz-, Kreislauf-, Nieren-, Blasen- und Rheumaleiden. Das 1983 neu erbaute Kurhaus besitzt ein Mineral-Thermal-Bewegungsbad mit je 220 m^2 Wasserfläche im Innen- und Außenbecken (29 – 34° C). Steil ansteigend führt eine Straße von Bad Teinach hinauf nach Zavelstein, dem kleinsten Städtchen Württembergs. Beachtenswert ist seine hübsche Hauptstraße, die zur Ruine führt. Die Burg wurde um 1200 erbaut und diente Graf Eberhard dem Greiner als Zufluchtsort nach dem Überfall in Wildbad. Zum Dank dafür erhob er 1367 Zavelstein zur Stadt. 1692 wurde der Ort von den Franzosen zerstört. Während die Stadt wiederaufgebaut wurde, blieb die Burg eine Ruine. Ein 28 m hoher Bergfried, Ringmauern, Torbögen und Reste des Burghofes erinnern an seine Herrlichkeit. Heute ist das ruhig gelegene Zavelstein ein beliebter Luftkurort. Zur Stadt Bad Teinach-Zavelstein gehören ferner die lieblich in Waldlichtungen liegenden Siedlungen Emberg, Kentheim, Rötenbach, Schmieh und Sommenhardt.

Bad Teinacher Mineral-Thermalbad

Sehenswert in der Stadt und in der Umgebung
Evangelische **Kirche** in Bad Teinach, 1662 – 1665 erbaut. Im Inneren die kabbalistische Lehrtafel der Prinzessin Antonia (1673). – **Ruine Zavelstein**, um 1200 errichtet, 1692 zerstört. **St.-Candidus-Kirche** in Kentheim, die älteste Kirche Süddeutschlands. – **Schwarzwaldhäuser** im Teinachtal. – **Krokusblüte** um Zavelstein (Mitte März).

Spazier- und Wanderwege
Von **Bad Teinach:** Zur Ruine Zavelstein, 20 Min. – Zum Bahnhof Teinach, $^3/_4$ Std. – Zur Ruine Waldeck, 1 Std. – Nach Calw über die Zavelsteiner Brücke und Schafott, $1^3/_4$ Std. – Nach Liebelsberg, $^3/_4$ Std. – Zum historischen Bergwerksstollen in Neubulach über das Dürrbachtal, $1^1/_2$ Std. – Nach Hirsau über die Zavelsteiner Brücke, Speßhardt und Altburg, 4 Std. – Nach Calw über Neureut, Tannenhau und Kentheim, 2 Std. – Nach Bad Wildbad über Rötenbach, Spanplatz, Kleinenzhof und Riesenstein, $6^1/_2$ Std. – Nach Altensteig auf dem Ostweg, $3^3/_4$ Std.

Rundwanderungen: Bad Teinach – Wilhelmshöhe – Emberg – Wolfschlucht – Bad Teinach, $1^1/_4$ Std.

Bad Teinach – Mooshäusle – Bronnentäle – Schmieh – Franzosenfels – Teinacher Berg – Bad Teinach, $2^1/_4$ Std.

Bad Teinach – Rötenbach – Würzbach – Heidenberg – Emberg – Bad Teinach, 3 Std.

Von **Zavelstein:** Nach Bad Teinach, $^1/_4$ Std. – Nach Calw über die Zavelsteiner Brücke und am Rötelbachweg, $1^1/_2$ Std. – Nach Hirsau über Calw, 3 Std.

BAD WILDBAD AB 5

Stadt, Landkreis Calw, Einwohner: 11 300, Höhe: 426 m, Postleitzahl: D-75323. **Auskunft:** Reise- und Verkehrsbüro Wildbad GmbH. **Bahnstation:** Bad Wildbad. **Busverbindung:** nach Calw, Freudenstadt, Kaltenbronn, Pforzheim und Simmersfeld.

Das im Enztal liegende Bad Wildbad ist ein international bekanntes Thermalbad, heilklimatischer Luftkurort und beliebter Wintersportort. Der Ort wird von dicht bewaldeten Höhen umrahmt. Seine erste schriftliche Erwähnung geht auf das Jahr 1367 zurück. Damals soll Graf Eberhard der Greiner durch die Umsicht der Wildbader Bevölkerung einem Überfall durch die „Schlegler" entronnen sein. Als Gegenleistung erhob er Wildbad zur Stadt und ließ sie nach einem Brand wieder aufbauen sowie mit Mauern umgeben. Die warme Quelle soll einer Sage gemäß ein angeschossener Eber entdeckt haben, der seine Wunde im warmen Wasser gewaschen haben soll. Ein um 1900 aufgefundener Brunnenschacht lässt auf eine Nutzung der Quelle seit dem 12. Jahrhundert schließen. Obwohl der Ort mehrfach von Bränden heimgesucht wurde, lag den württembergischen Herzögen viel daran, das vielbesuchte Bad wieder aufzubauen und zu vergrößern. Vor allem ab dem 17. Jahrhundert wurden zahlreiche Kur- und Badeanlagen in Betrieb genommen. So soll es bereits 1667 mehrere, den Ständen entsprechende Bäder, wie das Fürsten-, Herren-, Bürger-, Frauen- und Armenbad, gegeben haben. Die Badebecken waren damals aus dem Fels gehauen und auf ihrem Grund mit Sand gefüllt. Eine gepflegte Hotellerie und kulturelle Einrichtungen machten Wildbad vor allem im 18. Jahrhundert zum Inbegriff internationaler Bäderkultur. In jüngster Zeit entstanden mit dem Bau der Bergbahn auch auf dem Sommerberg große Sanatorien und Hotelanlagen. Das altberühmte, mit 35 bis 41 Grad Celsius aus dem Felsen sprudelnde Thermalwasser bringt vor allem bei Erkrankungen der Bewegungsorgane, bei Rheuma, Lähmungen und Erschöpfungserscheinungen Heilung oder Linderung.

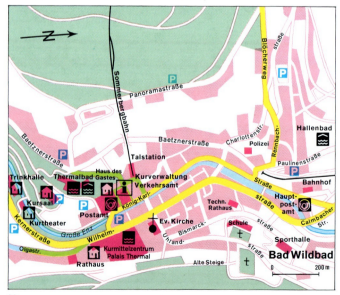

Das Palais Thermal in Bad Wildbad

Zu Bad Wildbad gehören auch das 731 m hochgelegene Höhenkurgebiet Sommerberg und die auf einem sonnigen Hochplateau südlich der Stadt liegenden Orte Aichelberg, Hünerberg und Meistern sowie im Tal der Großen Enz die Teilorte Sprollenhaus, Christophshof, Lautenhof, Calmbach und Nonnenmiss. Diese sind beliebte Ausgangsorte für Wanderungen in die nahe, naturbelassene, waldreiche Umgebung.

Sehenswert in der Stadt und in der Umgebung

Pfarrkirche, 1746 – 1748 von David von Leger erbaut. – Der Badetempel "**Palais Thermal**" (Sauna- ud Erlebnisbad) wurde 1838 – 1847 von Thouret errichtet. – **König-Karl-Bad** von 1892. – **Trink-** und **Wandelhalle**, 1934 erbaut. – Der **Bikepark Sommerberg**.

Spazier- und Wanderwege

Von **Bad Wildbad:** Auf den Sommerberg über die Panoramastraße und den Zick-Zack-Weg, 1 Std. – Auf den Sommerberg über den Auchhalderweg, die Fünf Bäume und die Saustallhütte, 2¼ Std. – Zum Soldatenbrunnen von der Bergstation Sommerberg über die Saustallhütte und den Steinweg, 1 Std. – Nach Kaltenbronn von der Bergstation Sommerberg über die Fünf Bäume und Grünhütte, 3½ Std. – Nach Lautenhof über den Sportplatz und die Ziegelhütte, 3¾ Std. – Nach Sprollenhaus über Lautenhof, die Baurenberger Steige und den Sprollenhausweg, 2 Std. – Nach Calmbach über den Cavallo- und Kreuzsteinweg, 1 Std. – Zur Butterhütte über die Alte Steige und den Jägerweg, 1 Std. – Nach Höfen an der Enz über den Cavalloweg, den Enzschneiseweg und die Sitzbankhütte, 2¼ Std. – Nach Dobel über den Wildbader Teichweg, die Eyachmühle, den Alten Mannenbachweg bzw. Alten Lehmanns- sowie Karl-Postweiler-Weg, etwa 5 Std.

Von **Aichelberg:** Zur Ruine Faustberg, ¾ Std. – Nach Christophshof, 1½ Std. – Nach Meistern über Burain, 1¾ Std.

Das Wildsee-Hochmoor steht unter Naturschutz

Vom **Sommerberg** (Bergstation): Zur Saustallhütte, 20 Min. – Zum Auchhalder Kopf über Saustallhütte und Fünf Bäume, 3/4 Std. – Nach Bad Wildbad über Saustallhütte, Soldatenbrunnen und Paulinenhöhe, 2 1/4 Std. – Zur Grünhütte über Fünf Bäume, 1 1/4 Std.

BIRKENFELD   B 1

Gemeinde, Landkreis Enzkreis, Einwohner: 10 300, Höhe: 260 – 461 m, Postleitzahl: D-75217. **Auskunft:** Bürgermeisteramt Birkenfeld. **Bahnstation:** Birkenfeld. **Busverbindung:** nach Pforzheim, Freudenstadt, Bad Herrenalb und Bad Wildbad.

Die Ortschaft Birkenfeld befindet sich etwa drei Kilometer südwestlich der Goldstadt Pforzheim unmittelbar an der Pforte des Schwarzwaldes. Mit Ausnahme des Industrieviertels, das sich im Tal links der Enz befindet, breitet sich Birkenfeld auf einer sonnigen, durch fruchtbare Äcker und dichte Wälder geprägten Hochfläche aus. Die westlich des Ortes liegenden Siedlungen Gräfenhausen und Obernhausen sind Teile der Gemeinde Birkenfeld. Gemeinsam mit dem Hauptort bieten diese aufgrund ihrer von Land- und Forstwirtschaft bestimmten Umgebung ein ideales Wandergebiet für Erholungsuchende.

Spazier- und Wanderwege
Nach Pforzheim-Brötzingen, 3/4 Std. – Nach Gräfenhausen über Obernhausen, 1 Std. – Nach Neuenbürg, 1 1/4 Std. – Nach Pforzheim-Kupferhammer, 1 1/2 Std. – Nach Büchenbronn auf dem Birkenfelder Weg, 1 Std. – Nach Sonnenberg, 3/4 Std. – Nach Engelsbrand über Erlesberg, den Hermannsee und die Büchenbronner Höhe, 2 Std. – Nach Dobel auf dem Westweg über Neuenbürg, 4 Std. – Nach Waldrennach rechts der Enz bis zum Haltepunkt Engelsbrand über die „Wirtschaft zum Größeltal" und den Glasbrunnen, 2 Std. – Zum Trimm-Dich-Pfad westlich von Büchenbronn am Erlesberg, 1 Std.

CALW   D 6

Kreisstadt, Landkreis Calw, Einwohner: 23 000, Höhe: 347 m, Postleitzahl: D-75365. **Auskunft:** Stadtinformation Calw. **Bahnstation:** Calw. **Busverbindung:** nach Bad Liebenzell, Pforzheim, Horb, Böblingen, Bad Wildbad und Stuttgart.

Von dunklen Tannenwäldern umkränzt liegt die große Kreisstadt Calw am Mittellauf der Nagold zwischen der Kalklandschaft des Gäus und dem Buntsandsteingebiet des nördlichen Schwarzwaldes. Calw ist ein Ort mit sowohl hohem landschaftlichen als auch städtebaulichen Reiz. Seine Geschichte und Tradition sind auf Schritt und Tritt zu spüren. Die Ursprünge Calws gehen auf das Jahr 1000 zurück, als die Calwer Grafen, ein fränkisches Herrengeschlecht, ihre Stammburg „Castro chavva" (Burg auf der kahlen Stelle) errichteten. Der Ortsname „Chalawa" erscheint erstmals 1075 in einer Urkunde. 1281 erhielt Calw das Stadtrecht. Mit Erlöschen des Calwer Grafenhauses im Mannesstamm gelangte die Stadt zu Beginn des 14. Jahrhunderts je zur Hälfte an die Grafen von Tübingen und Grafen von Württemberg. Bereits damals war die Siedlung von starken Mauern umgeben, die Ende des 18. Jahrhunderts abgetragen wurden. Die verkehrsgünstige Lage und eine rege Kaufmannschaft ließ die Stadt im Mittelalter zu einem der reichsten Handelsplätze Schwabens werden. 1604 wurde unter Herzog Friedrich I. von

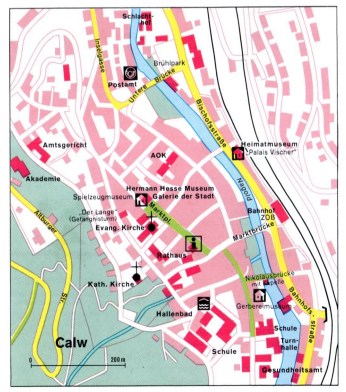

Württemberg die Burg abgebrochen und der Bau eines von Schickhardt entworfenen Barockschlosses geplant. Mit dem Tod des Herzogs unterblieb der gerade begonnene Aufbau. Um diese Zeit wuchs Calw ziemlich rasch über die Mauerringe hinaus und erreichte eine Zahl von 3811 Einwohnern, halbsoviel wie damals in Stuttgart lebten. 1634 und 1692 trafen die Stadt schwere Schläge durch die Zerstörungen des kaiserlichen Generals Johann von Werth und der französischen Truppen. Beide Male fielen nahezu die gesamten Häuser den Flammen zum Opfer. Hunger und Pest peinigten die Bevölkerung. Um die Jahrhundertwende (19./20. Jh.) gingen die letzten Flöße, die vor allem Holland und England mit Holz versorgt hatten, nagoldabwärts. Besonders im 17. und 18. Jahrhundert stand der Holzhandel hier in voller Blüte. 1755 wurde von mehreren Geschäftsleuten die Calwer Holzkompagnie gegründet, die ein herzogliches Privileg genoss und große Gewinne abwarf.

Sehenswert in der Stadt und in der Umgebung

In **Calw**: **Evangelische Stadtkirche**, 1885 im gotischen Stil neu erbaut; Chor, Sakristei und der Turmsockel stammen aus dem 14. Jahrhundert. – Die **St.-Nikolaus-Kapelle** auf der alten Nagoldbrücke wurde um 1400 erbaut. Sie wurde 1673 und 1726 erweitert. 1926 wurden die beidseitig des Portals stehenden Heiligenfiguren durch einen Flößer und einen Weber ersetzt. Sie deuten auf die im Nagoldtal vorherrschenden Berufsgruppen hin. An den Giebelecken und im Inneren neben dem Eingang sind je zwei aus Stein gefertigte Gesichter zu sehen. Bemerkenswert sind die Glasfenster, die an den Seiten die Wappen alter verdienter Calwer Familien, gegenüber dem Eingang die hll. Christophorus und Nikolaus zeigen. – Der **Marktplatz** mit dem 1454 erbauten und 1726 in seine heutige Form gebrachten Rathaus und Torbogen von 1673. – Zahlreiche malerische **Fachwerkhäuser** mit prachtvollen Spitzgiebeln.

In **Hirsau**: Das ehemalige **Benediktinerkloster** wurde um 830 gegründet und war bereits um das Jahr 1000 eine Ruine. Im 11. Jahrhundert wurde es von Abt Wilhelm wiedererrichtet. Das 1091 unter Abt Wilhelm erbaute **Peter-und-Paul-Kloster** auf der linken Nagoldseite war das dritte Kloster in Hirsau. Es wurde, wie das 1586 angebaute Schloss, 1692 eingeäschert. Die 1059 – 1071 erbaute St.-Aurelius-Kirche wurde 1584 bis auf das frühromanische dreischiffige Langhaus abgetragen. Das Kloster wurde 1692 eingeäschert und dann bis in das 19. Jahrhundert als Steinbruch verwendet. 1954/55 wurde die Kirche wiederhergestellt. 1934 wurden die Überreste der Peter-und-Paul-Anlage freigelegt. Vor der Kirche befindet sich der bemerkenswerte romanische Eulenturm mit interessanten Skulpturen und Friesen, welche die Folge von Tag und Nacht, Monaten und Jahreszeiten darstellen. Gut erhalten blieb der Ostflügel des Kreuzganges, der in Fragmenten romanisch, zum größten Teil jedoch spätgotisch. Er wurde 1485 bis 1494 von Peter von Koblenz, Martin von Urach und Hans Spryss erbaut. Ebenfalls von Martin von Urach stammt die restaurierte, doppelstöckige Marienkapelle, die heute als Gemeindekirche dient. Im Obergeschoss befindet sich der alte Bibliotheksaal mit bemalter Holzdecke und Bücherregalen aus dem 16. Jahrhundert. – Das ebenfalls nur noch als **Ruine** vorhandene **Jagdschloss** wurde 1582 – 1592 unter Herzog Ludwig und Friedrich I. von Württemberg anstelle des alten Abtbaues errichtet.

In **Altburg**: **Evangelische Pfarrkirche** mit einer gotischen Holzdecke. Im Chor ein spätgotisches Gestühl und Wandgemälde (um 1520). An der Südwand Malereien um 1400.

In **Stammheim**: **Ruine Waldeck**, einst im Besitz der Truchsessen von Waldeck, 1284 Zerstörung durch Rudolf von Habsburg. Nach der Wiedererrichtung zählte sie zu einer der größten Befestigungsanlagen im Schwarzwald.

Spazier- und Wanderwege
Von **Calw**: Nach Wimberg über den Gimpelstein, ¾ Std. – Nach Zavelstein über Schafott und die Zavelsteiner Brücke, 1¾ Std. – Nach Zavelstein über Hirsau, Altburger Berg und Speßhardt, 3¼ Std. – Nach Bad Teinach über die Zavelsteiner Brücke und Zavelstein, 2½ Std. – Zur Ruine Waldeck über Schleiftal, Ölmühle, Dickener Ebene und Hof Waldeck, 2½ Std. – Nach Bad Liebenzell auf dem Ostweg über Hirsau, 2½ Std. – Nach Bad Liebenzell über Welsches Häusle, Neuhengstett und Unterhaugstett, 3¼ Std. – Nach Bad Liebenzell über Altburg, Oberkollbach und Kollbachtal, 3¼ Std. – Nach Bad Wildbad über die Zavelsteiner Brücke, Rötenbach und Spanplatz, 6 Std. – Nach Altensteig auf dem Ostweg über Bad Teinach, Liebelsberg, Oberhaugstett, Buhlerwald und Dreitannenhütte, 7¾ Std.

Rundwanderungen: Calw – Schafott – Rötelbachtal – Zigeunerfels – Calw, 2 Std.; Calw – Alzenberg – Hohe Felsen – Hirsau – auf dem Wiesenweg retour, 1¾ Std.; Calw – Schleiftal – Stammheim – entlang der Römerstraße zurück, 1½ Std.; Calw – Welsches Häusle – Fuchsklinge – Welzberghütte – Calw, 2½ Std.; Wimberg – Speßhardt – Altburg – Schweinbachtal – Hirsau – Alzenberg – Wimberg, 3¼ Std.

Von **Hirsau**: Nach Calw, 1 Std. – Nach Bad Liebenzell über Ernstmühler Platte und Kollbachtal, 2 Std. – Nach Oberreichenbach durch das Schweinbachtal, 2 Std. – Nach Bad Teinach über Altburg, Speßhardt und Zavelstein, 4¼ Std.

Von **Altburg**: Nach Zavelstein über Speßhardt, 1¼ Std. – Nach Würzbach, 1½ Std. – Nach Bad Wildbad über Würzbach, Eisengrund, Kleinenzhof und Riesenstein, 4 Std.

Rundwanderung: Altburg – Oberreichenbach – Oberkollbach – Kollbachtal – Bad Liebenzell – auf dem Ostweg nach Hirsau – Altburger Berg – Altburg, 5¾ Std.

DOBEL   A 3

Gemeinde, Landkreis Calw, Einwohner: 2 300, Höhe: 673, Postleitzahl: D-75335. **Auskunft:** Kurverwaltung Dobel. **Bahnstation:** Bad Herrenalb (6 km). **Busverbindung:** nach Baden-Baden, Bad Herrenalb, Neuenbürg, Pforzheim und Bad Wildbad.

Der heilklimatische Kurort Dobel bietet Naturerlebnisse in reizvoller Landschaft. Die Lage auf dem freien Plateau in 700 m Höhe bedingt intensivere Sonneneinstrahlung, ebenso eine längere jährliche Sonnenscheindauer. Das schonende Reizklima des Kurortes wird allgemein als angenehm empfunden und hat eine heilende Wirkung bei Erkrankung der Atemwege sowie bei Herz- und Kreislauferkrankungen.

Von Bedeutung ist auch das moderne Parkhallenbad, das über zwei Innen- und ein Außenbecken mit 28 bzw. 32° C. Wassertemperatur verfügt. Zur Ausstattung des Bades gehören Sauna und Solarium, sowie ein Kurmittelhaus für alle medizinischen Bäder, Packungen und Bestrahlungen.

Spazier- und Wanderwege
Rund um Dobel, 1¼ Std. – Waldlehrpfad, 1½ Std. – Nach Bad Herrenalb auf dem Jägerweg, 1½ Std. – Nach Marxzell, 2 Std. – Nach Höfen über Eyachmühle und unteren Eiberg, 2¾ Std. – Nach Bad Wildbad über Eyachmühle und Reichertsklinge, 2 Std. – Nach Kaltenbronn über Eyachtal, Horn- und Wildsee, 4 Std. – Nach Pforzheim-Kupferhammer auf dem Westweg über Dreimarkstein, Neuenbürg und Birkenfeld, 6 Std.

Großer Dobel-Rundweg:
7 km, geringe Steigungen, Höhenunterschied: 50 m. Johann-Peter-Hebel-Straße – Jägerweg – Brenntenwaldweg – Höhenstraße – Siedlungsstraße – Forststraße – Mannen-

bachheide – Klötzbuckelfeldweg – Schwanner Rain – Ebene Hardtweg – Brunnenstraße – Wiesenweg.

Kleiner Dobel-Rundweg:
5,5 km, geringe Steigungen, Höhenunterschied: 40 m. Sonnenwegle – Höhenstraße – Siedlungsstraße – Forststraße – Mannenbachheide – Wildbader Straße – Eschbachstraße – Reutweg – Oelmeierweg – Ecklesweg – Friedenstraße – Brunnenstraße – Neusatzer Straße.

Kurzrundweg:
3 km, geringe Steigungen, Höhenunterschied: 40 m. Wildbader Straße – Eschbachstraße – Reutweg – Oelmeierweg – Ecklesweg – Friedenstraße – Brunnenstraße – Neusatzer Straße.

ENGELSBRAND   C 2

Gemeinde, Landkreis Enzkreis, Einwohner: 4 300, Höhe: 546 m, Postleitzahl: D-75331. **Auskunft:** Gemeindeverwaltung Engelsbrand. **Bahnstation:** Neuenbürg (8 km). **Busverbindung:** nach Pforzheim, Neuenbürg und Schömberg.

Engelsbrand ist ein idyllisches, ländliches Dorf auf der im Westen von der Enz und im Osten von der Nagold begrenzten Hochfläche. Zu dem in einer sanften Talmulde eingebetteten Ort gehören auch die Ortsteile Grunbach und Salmbach. Die Gemeinde kann von Pforzheim über Büchenbronn, vom Enztal her durch das Größeltal und vom Nagoldtal von Unterreichenbach aus erreicht werden. Nach Süden führt eine Straße nach Schömberg. Reizvoll sind die Engelsbrand umgebenden Höhen, die mit ihren weiten Wäldern zum „Erwandern" dieser abseits der Verkehrswege liegenden Landschaft einladen.

Spazier- und Wanderwege
Zum Ortsteil Grunbach, 1/2 Std. – Zum Ortsteil Salmbach, 1/4 Std. – Zur Büchenbronner Höhe, 609 m (Aussicht!), 1/2 Std. – Nach Büchenbronn über die Büchenbronner Höhe, 1 1/4 Std. – Zur „Wirtschaft zum Größeltal", 3/4 Std. – Zum Sauberg, 3/4 Std. – Nach Langenbrand, 1 Std. – Nach Kapfenhardt über Salmbach, 1 Std. – Nach Unterreichenbach, 1 1/4 Std. – Nach Pforzheim-Kupferhammer auf dem Mittelweg über Büchenbronn, 3 1/2 Std. – Nach Bad Wildbad auf dem Mittelweg über Langenbrand und Calmbach, 2 3/4 Std.

HÖFEN AN DER ENZ   B 3

Gemeinde, Landkreis Calw, Einwohner: 1700, Höhe: 360 – 700 m, Postleitzahl: D-75339. **Auskunft:** Touristik Höfen an der Enz, Wildbader Straße 1. **Bahnverbindung:** Enztalbahn im halbstündigen Rhythmus. **Bahnstation:** Höfen Nord (Haltepunkt) und Höfen an der Enz (Ort). **Busverbindungen:** Bad Wildbad – Enzklösterle (Kaltenbronn) – Freudenstadt, Pforzheim, Schömberg – Bad Liebenzell, Oberreichenbach – Calw, Dobel – Bad Herrenalb (Baden – Baden).

Höfen an der Enz/Nordschwarzwald hat sich zum modernen Wohn- und Kurort entwickelt. Aber auch als Gewerbestandort bietet es zahlreichen Firmen ein Gewerbegebiet außerhalb des Ortes. Im staatlich anerkannten Luftkurort finden die Gäste Erholung und Entspannung durch mildes Wald-Reizklima. Idyllisch im Enztal gelegen, zieht sich der Ort entlang der Enz, die durch ihren Fischreichtum ein Paradies für Angler ist. Durch die Nähe zu den Bäderorten des Nordschwarzwaldes (Bad Wildbad, Bad Liebenzell und Bad Herrenalb) sind Kuranwendungen in unmittelbarer Nähe möglich. Die Kurbäder sowie auch Pforzheim und Karlsruhe sind mit Enztalbahn und Bus gut und schnell zu erreichen. Die Hotellerie und Gastronomie des Ortes zeichnet sich durch ihre weithin bekannte sehr gute Küche aus. Nicht zu vergessen, die Schwarzwälder Kirschtorte – die müssen Sie

Rast am Brunnen

probieren. Höfen bietet Naturliebhabern gut beschilderte Wander- und Radwege. Auch eine Führung mit dem Förster durch den Bannwald ist brennend interessant.

Sehenswertes im Ort
Frühgotische **Kirche** (1892 – 1894 von Beyer erbaut). – **Schwarzwälder Bauernhaus**. – **Parkanlagen**.

Springbrunnen vor dem Rathaus

Freizeiteinrichtungen: Campingplatz, beheiztes Freibad mit Massagebecken und Massagepilz, Minigolf, Enztalradweg (Enzklösterle – Walheim, ca. 115 km), Grillplatz mit Kneipptretbecken, geführte Wanderungen, Kutschfahrten, Schnapsbrennerei, Wellnessangebote, Konzerte und Theaterabende, Besucherbergwerk bei Neuenbürg.

Spazier- und Wanderwege
Zur Eyachbrücke, 20 Min. – Nach Calmbach, 1 Std. – Zur Langenbrander Höhe, 1 1/4 Std. – Nach Schömberg, 1 1/2 Std. – Nach Waldrennach, 1 1/2 Std. – Nach Büchenbronn über die Langenbrander Höhe und Waldrennach, 3 Std. – Nach Dobel über den Franzosenbuckel und Eybergmühle, 3 1/4 Std. – Nach Bad Wildbad über den Unteren Eiberg, 4 1/2 Std. – Nach Pforzheim-Kupferhammer über Waldrennach und Büchenbronn, 5 1/2 Std.

NEUBULACH C 8

Stadt, Landkreis Calw, Einwohner: 5 100, Höhe: 584 m, Postleitzahl: D-75387. **Auskunft:** Kurverwaltung Neubulach. **Bahnstation:** Bad Teinach (5 km).

Neubulach mit seinen zugehörigen Stadtteilen Altbulach, Liebelsberg, Martinsmoos, Neubulach und Oberhaugstett ist ein Erholungsort auf der von Nagold und Teinach umflossenen Hochebene. Der anerkannte Luftkurort hat den Zusatz „Ort mit Heilstollen-Kurbetrieb".

Der Ort erscheint erstmals im Jahr 1274 in Urkunden und erhielt bereits 1300 seine Stadtrechte. Nachdem schon Anfang des 11. Jahrhunderts in der Nähe des Orts nach Kupfer und Silber geschürft wurde, erlebten die Neubulacher Gruben vor allem vom 13. bis zum 15. Jahrhundert ihre Hauptblütezeit. Aus dieser Zeit stammt der heute für Besucher zugängliche Hella-Glück-Stollen. Trotz großer Anstrengungen der Landesfürsten ließ der Ertrag im 16. Jahrhundert immer mehr nach. Schließlich wurde der Bergbau 1608 eingestellt. Mehrere Versuche, den Bergbau wiederzubeleben, schlugen im 18. und 19. Jahrhundert fehl. Ein abermaliger Versuch von 1920 bis 1924 blieb ebenfalls erfolglos. Auch die vor und während des 2. Weltkrieges aufgenommene Wismutgewinnung aus den Abraumhalden wurde 1945 eingestellt. Die Ausmaße des gesamten alten Stollensystems sind bis heute unbekannt. Erst 12 Kilometer konnten bislang vermessen und kartiert werden. Die Öffnung des Hella-Glück-Stollens ist vor allem den Bürgern von Neubulach zu danken, die den Stollen in freiwilliger Arbeit zugänglich machten.

Nahezu die gesamte Stadt Neubulach wurde im Jahr 1505 Opfer eines Brandes, wobei zahlreiche Urkunden, die Stadt und den Bergbau betreffend, vernichtet wurden. Das Bild der damals wiederaufgebauten Stadt mit Stadtmauer, Silbertor und Diebsturm blieben bis heute nahezu unverändert erhalten. Die metallverarbeitende Industrie ist auch in der Gegenwart eine bedeutende wirtschaftliche Grundlage.

Neubulach ist ein wahres Ausflugsparadies für viele Interessen: weite Obstwiesen, tiefe Wälder, ebene Wege, zünftige Grillplätze, herrliche Wälder, ebene Wege, lustige Kutschenfahrten und fröhliches Minigolfspielen. Alles auf einer aussichtsreichen Hochfläche in guter Luft!

Sehenswert in der Stadt und in der Umgebung
Im **Hella-Glück-Stollen** des historischen Silberbergwerks aus dem 15. Jahrhundert können bei Atemwegserkrankungen wie z. B. Bronchialasthma jeder Art, chronischer Bronchitis, Emphysem und Emphysembronchitis und Keuchhustenrekonvaleszenz, Untertage-Klima-Therapien durchgeführt werden. Das historische Silberbergwerk zeigt uns, wie die Arbeitswelt vor 500 Jahren ausgeschaut hat. – **Ruine Waldeck**. – **Mittelalterliches Stadtbild** mit Fachwerkhäusern, Stadttor und Stadtmauer. – Ein Besuch

lohnt sich im **Mineralienmuseum**. Hier werden die schönsten Mineralienfundstücke aus Neubulach und anderen Lagerstätten des Schwarzwaldes gezeigt. – **Brunnen** vor dem Rathaus (36 m tief). – **Wasserrad** an der Lochsägemühle. – **Schwarzwaldhäuser** im Teinachtal.

Spazier- und Wanderwege

Zur Ruine Waldeck über Altbulach, 1 Std. – Nach Bad Teinach über Liebelsberg, 1 Std. – Zum ehemaligen Bergwerk, 1/4 Std. – Nach Martinsmoos über Moosäcker, Fronwiesen und Härle, 1 1/4 Std.

Rundwanderungen: Neubulach – Liebelsberg – Bad Teinach – Teinachtal – Ruine Waldeck – Altbulach – Neubulach, 3 Std.

Neubulach – Lochsägmühle – Tröllseshof – Wildberg – Effringen – Schönbronn – Neubulach, 3 1/4 Std.

NEUENBÜRG   B 2

Stadt, Landkreis Enzkreis, Einwohner: 8 200, Höhe: 300 – 700, Postleitzahl: D-75305. **Auskunft:** Stadtverwaltung Neuenbürg. **Bahnstation:** Neuenbürg. **Busverbindung:** nach Baden-Baden, Calw, Dobel, Bad Liebenzell, Pforzheim und Schömberg.

Die malerische ehemalige Oberamtsstadt Neuenbürg liegt im Oberen Enztal, 12 km südwestlich von Pforzheim. Das Schloss wurde im 11. Jahrhundert gegründet. Der heutige Bau wurde Mitte des 16. Jahrhunderts von Herzog Christoph erbaut. Es wird von starken Mauern und Zwingern umgeben. Östlich vom Schlossgarten befinden sich noch die Reste des "Alten Schlosses". 1272 wurde auch die Ortschaft Neuenbürg erstmals erwähnt. Neben dem "Städtle" an der Enz mit dem historischen Marktplatz gibt es noch drei weitere Teilorte: Arnbach, Waldrennach und Dennach.

Sehenswert in der Stadt und in der Umgebung

Schloss mit **Museum** und begehbarem Theater "Das kalte Herz" (nach Wilhelm Hauff), Forstamt, Restaurant, Pfeiffer-Kabinett und Veranstaltungsräume (Fürstensaal, Pferdestall und Kutscherstube), sehenswertes Schlossportal von 1658, mittelalterliche Wehranlage und ehem. Forstgefängnis. – **Schlossgarten** und **Burgruine** mit Grillstelle. – Sehenswerter **Schlosswald** mit zahlreichen kulturhistorischen Besonderheiten. – **St. Georgskirche** (ehemalige Schlosskapelle) mit altem Friedhof und spätmittelalterlichen Wandmalereien. – **Besucherbergwerk "Frischglück"** (ehemaliges Eisen- und Manganerz-Bergwerk) mit begehbaren Stollen und interessanten Gesteinsformationen, "Glasköpfe", Schwerspat und Reste alter Arbeitstechniken sowie mit großen Abbauen und tiefen Schächten. Rundgang über 3 Sohlen (ca. 800 Meter Besucherstrecke). – **Marktplatz** mit **Rathaus**, evangelische **Stadtpfarrkirche** aus dem Jahr 1789 mit sehenswertem Kanzelaltar, zahlreiche **Fachwerkhäuser**. – Ehemalige **Burgen Waldenburg und Straubenhardt**.

Spazier- und Wanderwege

Vom Schloss zum Bergwerk, 3/4 Std. – Zu den Ruinen Waldenburg und Straubenhardt, 1 Std. – Zum Westweg an die Schwanner Warte, 1 Std. – Nach Pforzheim über den Westweg, 3 Std. – Nach Bad Wildbad über den Westweg, 4 3/4 Std.

Rundwanderung

Neuenbürg (Bahnhof) – Grösseltal – Waldrennach – Bergwerk – Schloss – Marktplatz – Bahnhof, 3 1/2 Std.

Zu empfehlen ist eine Fahrt am **Enztal-Radwanderweg**.

NEUHAUSEN   D 3-4

Gemeinde, Landkreis Enzkreis, Einwohner: 4 080, Höhe: 482 m, Postleitzahl: D-75242. **Auskunft:** Bürgermeisteramt Neuhausen, Rathaus. **Bahnstation:** Monbachtal (3,5 km).

Das lieblich von Äckern und Wiesen umrahmte Neuhausen ist eines der Siedlungszentren auf der Hochfläche zwischen Nagold und Würm. Von ihm führen zahlreiche Straßen sternförmig in die benachbarten Orte. Besonders eindrucksvoll ist der Zufahrtsweg durch das Monbachtal, das als eines der schönsten und wildesten Seitentäler der Nagold gilt.

Spazier- und Wanderwege
Zur Monbachbrücke, $^1/_2$ Std. – Nach Tiefenbronn, 1 Std. – Nach Hamberg, $^3/_4$ Std. – Nach Schellbronn auf dem Hirtenweg und durch den Fahrenwald, 1 Std. – Nach Monakam, $^3/_4$ Std. – Nach Bad Liebenzell, $1^3/_4$ Std. – Nach Unterreichenbach über Scheiterberg und die Schaierhütte, $1^3/_4$ Std.

NEUWEILER   B 8

Gemeinde, Landkreis Calw, Einwohner: 3 100, Höhe: 642 m, Postleitzahl: D-75389. **Auskunft:** Bürgermeisteramt Neuweiler. **Bahnstationen:** Bad Teinach (14 km) und Bad Wildbad-Calmbach (17 km).

Das Gemeindegebiet von Neuweiler umfasst die Landschaft um den Teinachursprung. Neben dem Hauptort Neuweiler gehören zu ihm die Ortsteile Agenbach, Breitenberg, Gaugenwald, Hofstett, Oberkollwangen und Zwerenberg. Die Dörfer mit ihren typischen Schwarzwaldhöfen werden von weiten, prächtigen Wäldern umgeben, die zu Wanderungen und Radtouren einladen.

Sehenswert im Ort und in der Umgebung
Alte Wehrkirche. – **Heimatmuseum.** – Das **Waldhufendorf Neuweiler-Gaugenwald** ist in seiner ursprünglichen sternförmigen und weiträumigen Lage noch gut zu erkennen. – Typische Weiler und Gehöfte im **landschaftsgeschützten Teinachtal** mit Weikenmühle, Glasmühle und Dachshof. – Evangelische **Kirche** aus dem 11. Jahrhundert in Neuweiler-Gaugenwald. – **Gewässer- und Vogellehrpfad** im Kleinen Enztal in Neuweiler-Agenbach; kleine Lehrpfadstrecke ca. 10 km, große Lehrpfadstrecke ca. 14 km.

Spazier- und Wanderwege
Nach Hofstett, $^1/_2$ Std. – Nach Oberkollwangen, $^3/_4$ Std. – Nach Zwerenberg über Schießstand und die Petershöhe, 1 Std. – Nach Breitenberg, $^3/_4$ Std. – Nach Agenbach über Neuweiler Eck und Roter Wasen, $1^1/_2$ Std. – Nach Aichhalden, $1^1/_2$ Std. – Nach Enzklösterle über Aichhalden, $2^1/_2$ Std. – Nach Bad Teinach über Breitenberg, Kollwanger Sägmühle und Lautenbachhof, $2^3/_4$ Std.

OBERREICHENBACH   C 5

Gemeinde, Landkreis Calw, Einwohner: 2 850, Höhe: 550 – 726 m, Postleitzahl: D-75394. **Auskunft:** Bürgermeisteramt Oberreichenbach. **Bahnstation:** Hirsau (6 km). **Busverbindung:** nach Calw und Freudenstadt.

Auf der Enz-Nagold-Platte direkt zwischen Hirsau und Calmbach liegt die Gemeinde Oberreichenbach, bestehend aus den vier Ortsteilen Igelsloch, Oberkollbach, Oberreichenbach und Würzbach. Weite Tannenwälder umgeben die landwirtschaftlich geprägten Dörfer. Das bestens ausgebaute Radwegenetz der Gemeinde mit überregionalen Anbindungen lässt bei Freunden dieser Sportart fast keine Wünsche offen. Ein erstklassiges Wanderwegenetz wurde erst 2002 unter Federführung des Schwarzwaldvereins neu eingerichtet. Im Winter werden insgesamt 40 km örtliche Rundloipen und der durch

Landschaft bei Würzbach entlang des Radweges

Oberreichenbach führende Ski-Fernwanderweg Schömberg - Freudenstadt gespurt. Die ideale Lage auf einer nahezu nebelfreien Hochebene im bekannten Bäderdreieck Bad Wildbad, Bad Teinach und Bad Liebenzell bietet ein gesundes Klima und kurze Wege in die Thermal- und Mineralbäder für Gesundheitsbewusste.

Spazier- und Wanderwege

Von **Oberreichenbach**: Nach Würzbach über den Sportplatz Oberreichenbach und Kohlhütte, 1 Std. – Zur Föhrbrunnenhütte über die Kohlhütte, ¾ Std. – Nach Zavelstein, 1¾ Std. – Nach Hirsau durch das Schweinbachtal, 1¾ Std.

Von **Oberkollbach**: Nach Bad Liebenzell durch das Kollbachtal, 1¼ Std.

Von **Würzbach**: Zur Aussicht Becherberg über den Parkplatz Bechergass, 1¼ Std. – Zum Kleinenzhof über Naislach, 1½ Std.

Radtouren

Tour 1: Start beim Parkplatz an der Kirche oder beim Rathaus in Oberreichenbach. Auf dem Radweg Richtung Altburg vorbei an der Forstsiedlung bis zum Würzbacher Kreuz, dann auf den Radweg nach Würzbach abbiegen. Durch Würzbach in Richtung Agenbach. 3,3 km nach dem Ortsausgang Würzbach am Sauerbrunnen links abbiegen in das schmale "Schmieher Sträßle" nach Schmieh. Von Schmieh zurück nach Würzbach, über den Radweg bis zum Feuchtbiotop Habichtsfang, dann geradeaus nach Oberreichenbach. Länge: ca. 20,5 km.

Tour 2: Start am Parkplatz Hirtenäcker beim Ortseingang Würzbach. Durch Würzbach, an der Kirche links abbiegen und in Richtung Schmieh. Ca. 1,5 km nach Ortsausgang links in die Straße nach Emberg einbiegen. Dann auf dem Heidenberg nach Rötenbach abbiegen. In Rötenbach nach rechts der Hauptstraße folgen und am Ortsausgang nach links Richtung Zavelstein abbiegen. Beim Sportplatz Zavelstein links nach Welten-

Biotop

Herrlich ist das Wandern zur Kirschblütenzeit

schwann. Weiter nach Altburg, auf der Hauptstraße links und auf dem Radweg zurück nach Würzbach. Länge: ca. 17 km.

Tour 3: Start beim Parkplatz an der Kirche oder beim Rathaus in Oberreichenbach. Durch die Schul- und Oberkollbacher Straße nach Eberspiel. Weiter über Ober- und Unterkollbach nach Igelsloch. Wieder in Richtung Oberreichenbach bis nach Siehdichfür, dort rechts auf dem Radweg zum Sportplatz Oberreichenbach. Die Bundesstraße überqueren und dann weiter auf dem "Eselsträßle" vorbei am Sportplatz Würzbach bis zum Ortseingang Würzbach (Parkplatz Hirtenäcker). Auf dem Radweg zurück nach Oberreichenbach. Länge: ca. 13,5 km.

PFORZHEIM C 1

Stadt, Stadtkreis Pforzheim, Einwohner: 115 000, Höhe: 235 – 609 m, Postleitzahl: D-75175. **Auskunft:** Tourist-Information Pforzheim Kongress- und Marketing GmbH, Marktplatz 1. **Bahnstation:** Pforzheim. **Busverbindung:** Omnibusverkehrsknotenpunkt für den nördlichen Schwarzwald und Enzkreis.

Die weltbekannte Goldstadt Pforzheim, das Zentrum der deutschen Schmuck-, Edelmetall- und Uhrenindustrie, liegt in einem der bewaldeten Höhenzügen umrahmten Talbecken, in dem die drei Schwarzwaldflüsschen Enz, Nagold und Würm zusammenfließen. Die vielbesuchte Stadt wird deshalb als nördliche Pforte (Porta Hercyniae) zum Schwarzwald bezeichnet. Auf den Ursprung Pforzheims weisen zahlreiche Ruinen und Funde von Römersiedlungen aus dem 2./3. Jahrhundert hin. Alle Funde sind zusammengefasst im Museum "Archäologischer Schauplatz Kappelhof", direkt an der Keimzelle Pforzheims etabliert. Der Name Portus, aus dem später Pforzheim entstand, erscheint erstmals auf einem Meilenstein von 245 n. Chr. Urkundlich wurde der Ort als „Altenstadt" erstmals

1067 erwähnt. Um 1195 bekam der Markt das Stadtrecht verliehen. In den Jahren 1689 und 1692 wurde die Stadt, die zeitweise den Markgrafen von Baden als Residenz diente, von französischen Truppen zum Großteil verwüstet. Der eigentliche Aufschwung Pforzheims begann mit der Industrialisierung, als die „Handels- und Flusskompagnie" gegründet und die herrschaftliche Uhren- und Schmuckfabrik durch Markgraf Karl-Friedrich eröffnet wurde. Letztere wurde zum Grundstein jener Industriezweige, denen Pforzheim heute seinen Beinamen „Goldstadt" verdankt. Die aufblühende Entwicklung fand im Februar 1945 ein jähes Ende, als durch einen Luftangriff nahezu die gesamte Stadt zerstört wurde. Dabei kamen fast 18 000 Menschen ums Leben.

Sehenswert in der Stadt und in der Umgebung

Die **Schloss- und Stiftskirche St. Michael** ist Pforzheims bedeutendstes Baudenkmal. Sie war einst ein Abschnitt der Schlossmauer. Ihr ältester Teil wurde ca. 1150 erbaut und gehörte um 1344 zum Kloster Lichtental. 1460 wurde sie zur Stiftskirche erhoben. Das Langschiff der dreischiffigen Basilika stammt aus der Frühgotik (ca. 1250); der prächtige spätgotische Chor wurde um 1470 von Hans Spryss von Zaberfeld gestaltet. Interessant sind die vielen Renaissancegrabmäler badischer Markgrafen im Chor. Darunter befinden sich die Grüfte des Herrscherhauses mit zahlreichen Särgen (nicht zugänglich!). – Die **St.-Martin-Kirche** in der Altstadt geht in ihrem Ursprung auf das 12. Jahrhundert zurück. Aus dieser Zeit stammt das Portal mit Tympanon an der westlichen Turmhalle. Das Langhaus und der Westturm stammen aus dem 18. Jahrhundert. Beachtenswert sind die spätgotischen um 1440 entstandenen Malereien, die nach 1946 freigelegt wurden. An der südlichen Seite des Chores sind eine Schutzmantelmadonna und Heilige, an der Nordseite das „Jüngste Gericht" zu sehen. – Der **Barfüßerchor** ist ein gotischer Rest einer Franziskaner-Klosteranlage aus dem 13. Jahrhundert. Die Kir-

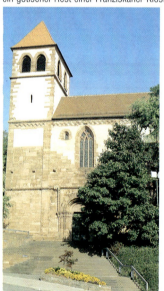

Sehenswert: Schlosskirche und CongressCentrum Pforzheim

che wurde 1945 bis auf das Mauerwerk total zerstört und später wiederhergestellt. Im Chor ein Vesperbild von 1490. – Weitere sehenswerte **Sakralbauten** sind die **Christuskirche**, im Jugendstilcharakter erbaut; die **Matthäuskirche** von Prof. Egon Eiermann im Stadtteil Arlinger gelegen sowie die **Herz-Jesu-Kirche** mit Kuppeldach. Fast in unmittelbarer Nähe befindet sich die **Stadtkirche** mit großer Musikempore und 111 Farbglasfenstern. **Fatih-Moschee** mit 23 m hohem Minarett. – Das **Reuchlinhaus,** nach dem in Pforzheim 1455 geborenen Humanisten Johannes Reuchlin benannt, ist das **Kulturzentrum** der Stadt mit dem **Schmuckmuseum:** eine ständige Ausstellung von Schmuck im Wandel der Zeiten, von der Antike bis zur Gegenwart sowie dem Kunst- und Kunst-Gewerbeverein. – **Neues Rathaus** am Marktplatz. Von 1968 – 1973 erbaut, mit Glockenspiel. – **Altes Rathaus** mit Lichthof. – Am **Marktplatz** Wasserspiele. – **Stadttürme:** Archiv- und Leitgasttturm sind historischen Ursprungs. Wasserturm auf dem Rodgebiet; Hachelttürmchen, Büchenbronner Aussichtsturm und der im Stadtzentrum gelegene Sparkassen-Turm bieten herrliche Ausblicke auf das einzigartige Panorama der Stadt. – **Schmuckspezifische Museen:** Technisches Museum der Pforzheimer Traditionsindustrie, besetzt mit Fachleuten. Hier gibt es Hobby-Schmuckkurse. Edelsteinausstellung der Firma Schütt, Mineralienmuseum. Schmuckmesse, Goldschmiedemarkt. – Das **Stadtmuseum** in der ehemaligen Brötzinger Kirche St. Martin. – Steinerne **Bogenbrücke** über die Nagold im Stadtteil Weißenstein. – **Schwarzwaldpforte** am Kupferhammer mit Auerbach-Denkmal (Ludwig Auerbach war ein bedeutender Heimatdichter). – **Wildpark** an der Tiefenbronner Straße, 1968 geschaffen, mit zahlreichen seltenen Tieren und einem Vogelschutzlehrpfad. – **Fachhochschule** für Gestaltung, Technik, Wirtschaft und Design und **weltälteste Goldschmiedeschule.** – **Enzauenpark** mit Biergarten, Bühne. – **Alpengarten** oberhalb des Stadtteils Würm. – **Ruine Liebeneck,** hoch über dem Würmtal. Ihre Entstehungszeit ist unbekannt, sie wurde erstmals 1263 im Rahmen des Besitzwechsels an die Markgrafen von Baden erwähnt. 1458 ging sie in den Besitz von Paulus Leutrum von Ertingen über. Erst 1828 wechselte die Burg wieder in badisches Eigentum über. Ab dieser Zeit verfiel die Burg. 1692 verbrannte auf der Burg das Stadtarchiv der Stadt Pforzheim.

Spazier- und Wanderwege
Ausgangspunkt Pforzheim-Kupferhammer: Zur Schönen Buche, $1/2$ Std. – Nach Dill-Weißenstein, $1/2$ Std. – Zum Erzkopf, 1 Std. – Nach Huchenfeld über Schöne Buche, 1 Std. – Nach Seehaus über Bismarckkanzel, $1 1/4$ Std. – Nach Würm auf dem Ostweg, 1 Std. – Zum Alpengarten in Würm über die Bismarckkanzel, $1 1/4$ Std. – Nach Büchenbronn über Dill-Weißenstein, $1 1/4$ Std. – Zur Büchenbronner Höhe auf dem Mittelweg, 2 Std. – Nach Birkenfeld, $1 1/2$ Std. – Nach Hohenwart über Erzkopf, Jettenbrunnen und Breitenwald, $1 1/2$ Std. – Zur „Wirtschaft zum Größeltal" über Westweg und Wasserleitungsweg, 2 Std. – Zur Ruine Liebeneck über Würm, 2 Std. – Nach Unterreichenbach über Huchenfeld, Brenntenberg und Beutelsklinge, $2 3/4$ Std. – Nach Tiefenbronn über Seehaus, Ruine Liebeneck und Würmhalde, $3 3/4$ Std. – Nach Dobel auf dem Westweg über Birkenfeld und Neuenbürg, $5 1/4$ Std. – Nach Bad Wildbad auf dem Mittelweg über Büchenbronn und Längenbrand, 6 Std. – Nach Bad Liebenzell auf dem Ostweg über Würm, Hamberg, Neuhausen und Monbachtal, 6 Std.
Pforzheim ist Ausgangspunkt der **drei Höhenwanderwege** (Westweg, Mittelweg, Ostweg) des Schwarzwaldvereins. Wanderbroschüren sind bei der Tourist-Information erhältlich.
Drei-Täler-Wanderweg (Naturfreunde) von Pforzheim-Enzingen nach Neuenbürg (37 km).

SCHÖMBERG C 3-4

Gemeinde, Landkreis Calw, Einwohner: 8 800, Höhe: 633 – 730 m, Postleitzahl: D-75328. **Auskunft:** Kurverwaltung Schömberg. **Bahnstationen:** Höfen an der Enz (6 km) und Pforzheim (16 km). **Busverbindung:** nach Pforzheim, Bad Liebenzell, Calw und Bad Wildbad.

Der heilklimatische Kur- und Kneippkurort Schömberg befindet sich in einem sonnigen Hochtal auf der „Enz-Nagold-Platte". Seine Lage und die dichten Tannenwälder schützen den Ort vor rauhen Winden. Das Hochtal dürfte vermutlich schon sehr früh besiedelt gewesen sein. Einer Überlieferung zufolge soll bereits zur Römerzeit eine Straße östlich an Schömberg vorbei nach Pforzheim geführt haben. Seine erste urkundliche Erwähnung fand der Ort erstmals im Jahr 1375, als er zum Herrschaftsbereich der Grafen von Calw gehörte. Später wurde Schömberg badischer Grenzort und kam schließlich 1603 durch Tausch in den Besitz der Württemberger. Das erste Luftkurhaus wurde in Schömberg 1888 in einem Gasthaus eröffnet. Schon in den nächsten Jahren folgten weitere Sanatorien und Kurheime. Der zunehmenden Bedeutung des Kur- und Aktivurlaubs entsprechen zahlreiche Freizeiteinrichtungen.

Auf der Hälfte der Waldflächen wachsen im Schwarzwald Fichten

Spazier- und Wanderwege

Nach Langenbrand, ½ Std. – Nach Oberlengenhardt, ½ Std. – Nach Kapfenhardt durch das Eulenbachtal, 1½ Std. – Nach Höfen an der Enz entlang dem Forellenbach, 1½ Std. – Nach Calmbach über die Charlottenhöhe, 1½ Std. – Nach Bad Liebenzell über Oberlengenhardt und das Lengenbachtal, 2¼ Std. – Nach Bad Liebenzell über Zaimen und das Kollbachtal, 2½ Std.

SIMMERSFELD   A 9

Gemeinde, Landkreis Calw, Einwohner: 2 100, Höhe: 720 – 800 m, Postleitzahl: D-72226. **Auskunft:** Gemeinde- und Kurverwaltung Simmersfeld. **Bahnstationen:** Bad Wildbad und Nagold. **Busverbindung:** nach Altensteig, Bad Wildbad, Calw und Freudenstadt.

Der Luftkurort Simmersfeld mit den Ortsteilen Aichhalden-Oberweiler, Beuren, Ettmannsweiler und Fünfbronn liegt zwischen Bad Wildbad und Freudenstadt. 1 km abseits der B 294 findet man auf welligem Hochplateau 90 km meist ebene Wanderwege.

Altstadt von Altensteig

Ca. 8 km südlich von Simmersfeld liegt die **Stadt Altensteig**. Der malerische, staatlich anerkannte, Luftkurort Altensteig ist für sein mittelalterliches Stadtbild bekannt. Im 13. Jh. als Schutzburg erbaut, thront das Alte Schloss wie eine Krone über den Fachwerkhäusern der Altstadt. Die vollständig erhaltene Anlage beheimatet heute ein eindrucksvolles Heimat- und Geschichtsmuseum, in dem regelmäßig Sonderausstellungen stattfinden. Altensteig ist Mitglied der Themenroute "Deutsche Fachwerkstraße". Regelmäßig finden Flößerführungen statt, die einen in Vergessenheit geratenen Beruf lebendig werden lassen. Neben vielen Veranstaltungen erwarten die Gäste reizvolle Naturerlebnisse, die zum Entdecken und Genießen einladen. Erholungsuchende, Radfahrer, Skater, Wander- und Kulturfreunde sind hier alle willkommen. Auskünfte erhalten Sie beim Verkehrsamt, Rosenstraße 28, 72213 Altensteig.

UNTERREICHENBACH   CD 2

Gemeinde, Landkreis Calw, Einwohner: 2 200, Höhe: 330 – 600 m, Postleitzahl: D-75399. **Auskunft:** Verkehrsverein Unterreichenbach. **Bahnstation:** Unterreichenbach. **Busverbindung:** nach Calw, Bad Liebenzell und Pforzheim.

Wo das vom Reichenbach durchflossene Gutbrunnental in das Nagoldtal mündet, breitet sich, eng begrenzt durch waldreiche Höhen, die Ortschaft Unterreichenbach aus. Von ihr führen zahlreiche aussichtsreiche Promenaden- und Wanderwege in die nähere und weitere Umgebung. Auch zahlreiche Höhenwege mit wundervoller Aussicht führen über die Höhenzüge des Schwarzwaldes. Unterhalb des Ortsteiles Kapfenhardt im Gutbrunnental befinden sich die idyllischen „Kapfenhardter Mühlen".

Spazier- und Wanderwege
Nach Kapfenhardt, ³/₄ Std. – Nach Hohenwart, ³/₄ Std. – Nach Schellbronn, 1¹/₂ Std. – Nach Pforzheim-Kupferhammer über Grunbach und Büchenbronn, 3³/₄ Std. – Nach Bad Liebenzell über Schellbronn und Monakam, 3 Std. – Zur Büchenbronner Höhe, 2¹/₂ Std. – Nach Tiefenbronn über Hohenwart und die Ruine Liebeneck, 2¹/₂ Std.

WILDBERG   D 9

Stadt, Landkreis Calw, Einwohner: 10 250, Höhe: 395 m, Postleitzahl: D-72218. **Auskunft:** Städtisches Verkehrsamt. **Bahnstation:** Wildberg. **Busverbindung:** nach Calw, Nagold, Horb und Pforzheim, Herrenberg-Tübingen.

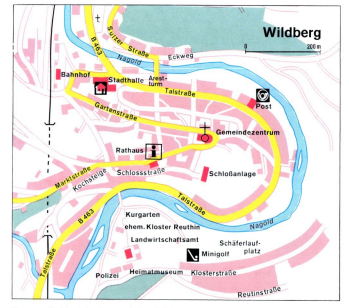

Das geschichtsreiche Bergstädtchen Wildberg liegt am Abhang eines Felssporns, der von der Nagold in einer großen Schleife umflossen wird. Auf ihm stand früher eine große Burg, die mit dem Ort eine Schutzeinheit bildete. Anhand von Funden lässt sich zwar die Anwesenheit der Römer beweisen, die eigentliche Besiedlung dürfte jedoch erst um 1230 von der Burg aus erfolgt sein. 1240 wurde die Stadt ummauert. 200 Jahre später brannte Wildberg fast zur Gänze nieder. 1872 wurde auch das 1252 gegründete Dominikanerinnenkloster ein Raub der Flammen. Die Burg und ein Teil der Stadt wurden durch

Stadtansicht von Wildberg

Bombenangriffe 1945 zerstört. Die Stadt weist deshalb ein außergewöhnlich modernes Ortsbild auf. Im Klosterhof wurde eine gepflegte Kuranlage angelegt.

Wildberg hat folgende Stadtteile: Effringen, Gültlingen, Schönbronn, Sulz am Eck und Wildberg.

Sehenswert in der Stadt und in der Umgebung
Evangelische **Pfarrkirche,** eine frühere romanische Chorturmkirche, Langhaus 1772 umgestaltet, mit figurierten Schlusssteinen am Netzgewölbe. – Das **Rathaus** war ursprünglich ein Holzbau (von 1480), 1873 umgebaut, mit schönen Glasgemälden. – Zwei alte **Türme,** Hexenkäfig und Halsgraben. – **Marktbrunnen** von 1554 mit einer Ritterfigur als Wappenträger. – **Fachwerkhäuser**. – Der historische **Schäferlauf** wird alle zwei Jahre am dritten Wochenende im Juli veranstaltet.

Spazier- und Wanderwege
Zum Sulzer Eck (Aussicht!), ½ Std. – Nach Neubulach über Alter Galgen, 1½ Std. – Nach Schönbronn, 1 Std. – Nach Sulz, ¾ Std. – Nach Nagold über Kühlenberg, 3½ Std.

Rundwanderung: Wildberg – Effringen – Schönbronn – Neubulach – Lochsägmühle – Trölleshof – Wildberg, 3¼ Std.

Verzeichnis der Tourismusverbände bzw. Gemeindeämter

	Telefon	Fax
Altensteig	0 74 53/66 33	0 74 53/32 49
Bad Liebenzell	0 70 52/40 80	0 70 52/40 81 08
Bad Teinach-Zavelstein	0 70 53/92 0 50-40	0 70 53/92 0 50-44
Bad Wildbad	0 70 81/10 2 80	0 70 81/10 2 90
Birkenfeld	0 72 31/48 86-0	0 72 31/48 86-40
Calw	0 70 51/96 88-0	0 70 51/96 88-77
Dobel	0 70 83/74 5 13	0 70 83/74 5 35
Engelsbrand	0 72 35/93 24-0	0 72 35/93 24-19
Höfen an der Enz	0 70 81/79 4 23	0 70 81/79 4 50
Neubulach	0 70 53/96 95 10	0 70 53/64 16
Neuenbürg	0 70 82/79 10-30	0 70 82/79 10-65
Neuhausen	0 72 34/95 1 00	0 72 34/95 1 50
Neuweiler	0 70 55/92 9 80	0 70 55/17 99
Oberreichenbach	0 70 51/96 99 0	0 70 51/96 99-49
Pforzheim	0 72 31/145 45 60	0 72 31/145 45 70
Schömberg	0 70 84/14-0	0 70 84/14-100
Simmersfeld	0 74 84/93 20-0	0 74 84/93 20-30
Unterreichenbach	0 72 35/93 33-0	
Wildberg	0 70 54/201-0	0 70 54/201-26

Alle Angaben ohne Gewähr!

Allgemeine Tips für Wanderungen und Bergtouren

Angesichts der alljährlich zunehmenden Bergunfälle seien hier einige Worte zur Vorsicht genannt. Obwohl die Tendenz zu beobachten ist, dass sich immer mehr Jogger mit Turnschuhen in die Bergwelt "verirren", ist dies jedoch nicht die zweckmäßige Ausrüstung für Wanderer und Bergsteiger. Halbschuhe, Sandalen, Turnschuhe oder zu leichte Wanderschuhe geben im Fels oder auf feuchten Wiesen keinen Halt, verursachen auf längeren Strecken Blasen und bringen beim Bergabgehen die Gefahren von Verstauchungen mit sich. Ferner gefährden sie nicht nur den einzelnen, sondern auch die Begleiter. In extremen Fällen, etwa im Frühjahr bei Firn, beim Queren von Altschneerinnen oder bei steilen Wiesen leisten ein **Pickel** oder in tieferen Regionen ein Bergstock unschätzbare Dienste. Auch ein **kurzes Bergseil** (Reepschnur) ist für Kinder und Erwachsene wertvoll, denn an Steilstücken oder im Gipfelbereich bietet es bei richtiger Handhabung ein gewisses Maß an Sicherheit.

Was zur Ausrüstung eines guten Wanderers und Bergsteigers gehört, wird man meist aus Erfahrung wissen. Hier seien einige zusätzliche Tips angeführt: Neben der Wanderkleidung ist auch eine **Regenkleidung** nicht zu vergessen (auch wenn es nicht regnet, so ist bei der Rast eine Unterlage vorteilhaft!). Für einen Tagesausflug ist ferner mitzunehmen: **Proviant, Thermosflasche mit Tee, Sonnencreme, Sonnenschutz, Ausweise, Taschenmesser, Klopapier, Landkarte, Bus- bzw. Zugfahrplan.**

Die **Wanderapotheke** wird hoffentlich ungebraucht im Rucksack bleiben. Sollte es jedoch einmal zu einer Abschürfung kommen, so sind ein Desinfektionsmittel und ein Heftpflaster sicherlich notwendig; auch ein paar Sicherheitsnadeln kann man oft gebrauchen.

Für Fotofans: Ersatzfilme und Filter nicht vergessen!

Wenn möglich **gehen Sie nie alleine in die Berge! Bei Schlechtwettereinbruch,** Nebel, Schnee oder Schneesturm **sollten Sie sofort umkehren,** oder die nächstgelegene Hütte aufsuchen, auf keinen Fall weiter zum Gipfel gehen. Seilsicherungen und Geländer sind als Behelfsmittel gedacht, sie sind jedoch kein Garant für Sicherheit, da sie von Steinschlag, Wetter und Blitzschlag (daher bei Gewitter Drahtseile unbedingt meiden) beschädigt werden können. Ebenso geschieht das **Begehen aller Wanderwege auf eigene Gefahr.** Über den momentanen Zustand von Wegen und Steigen informieren Sie der Tourismusverband, der Hüttenwirt oder Bedienstete von etwaigen Bergbahnen und Liften.

Hochtouren sollten grundsätzlich nur mit einem erfahrenen Bergführer, der in den Talorten zur Verfügung steht, unternommen werden.

Berg Heil und gute Rückkehr von Ihren Unternehmungen wünscht Ihnen die KOMPASS-Redaktion.

Von der Kunst, hinter den Berg zu schauen: Eine Anleitung zum Kartenlesen für Wanderer und angehende Bergsteiger

Vor allem: keine Scheu vor Landkarten!
Eine Landkarte ist nichts anderes als eine von Künstlern (Kartographen) nach gewissen Regeln hergestellte Abbildung der Landschaft.

Von diesen Regeln sollte Ihnen bekannt sein:
- Eine Karte wird so gezeichnet, dass sie in der Regel nach Norden ausgerichtet ist.
- Die notwendige Verkleinerung steht in einem genauen Verhältnis – Maßstab genannt – zur Natur.

Der Maßstab 1 : 50 000 bedeutet, dass 1 cm auf der Landkarte in der Natur 50 000 cm, also 500 Meter sind. Auf den Wanderkarten ist der Maßstab in Form eines Lineals aufgedruckt. Sie können eine bestimmte Entfernung zwischen zwei Punkten auf der Karte mit einem Faden oder Papierstreifen abmessen und an der Maßstabsleiste ablesen.

Auch das Umrechnen einer Distanz auf andere Maßstäbe ist nicht schwierig, z. B.:

Kartenmaßstab	Kartendistanz	Entfernung im Gelände
1 : 25 000	1 cm	250 m
1 : 50 000	1 cm	500 m
1 : 100 000	1 cm	1000 m

Sie können anhand der Karte genau feststellen, wie weit der Weg zu Ihrem geplanten Ziel ist, und wenn Sie annehmen, dass Sie im ebenen Gelände etwa 3 – 4 km in der Stunde zurücklegen, wissen Sie auch schon, wie lange Sie für die geplante Strecke brauchen. Im bergigen Gelände rechnet man ca. 1 Stunde für die Überwindung von 300 Höhenmetern im Aufstieg und 500 Höhenmetern im Abstieg.

Nun zur Praxis:
Ihren Ausgangspunkt haben Sie schon daheim festgelegt und auch ein bestimmtes Ziel ins Auge gefasst. Es gibt viele Möglichkeiten, von A nach B zu gelangen: Steige, die durch den Wald führen, sonnige Straßen, Wege an Wasserläufen entlang, usw. Dies alles können Sie aus der Karte ersehen – Sie brauchen nur die Zeichen in der Karte mit der Legende am Kartenrand vergleichen. Wenn Sie nun „mit dem Finger auf der Landkarte" Ihren Weg verfolgen, können Sie anhand der Zeichen und Symbole viele Dinge voraussehen, die Sie unterwegs antreffen. Sie werden bald merken, wieviel Spaß das macht, wenn Sie auf der Karte entdecken, dass Sie durch einen kleinen Umweg etwas Interessantes sehen können, an dem Sie sonst vorbeigegangen wären.

Wie ist das mit den Höhenlinien?
Sie können aus der Karte ersehen, ob der Weg eben ist oder bergauf und bergab führt. Die Bodenformen (Berge und Täler) werden in den Wanderkarten durch Höhenlinien (= Linien, die Punkte gleicher Höhe verbinden) dargestellt. Je enger die Linien aneinander liegen, desto steiler ist der Hang.

Die Orientierung: das A und O des Kartenlesens
Sie nehmen Ihre Karte am Beginn Ihrer Wanderung so, dass die Richtung mit der Natur, also mit dem Verlauf einer Straße, Eisenbahnlinie oder eines Baches übereinstimmt. Damit können Sie feststellen, welche Richtung Sie einschlagen müssen, um zu Ihrem Ziel zu gelangen.

Und so hilft man sich, wenn man sich verlaufen hat

Kein Grund zur Aufregung: Sie haben ja Ihre Karte! Zuerst müssen Sie die Karte so halten, dass die Himmelsrichtungen mit denen der Natur übereinstimmen. Wenn Sie keinen Kompass zur Hand haben, gibt es andere Möglichkeiten, die Himmelsrichtungen zu bestimmen. Wenn die Sonne scheint, drehen Sie Ihre Armbanduhr so, dass der Stundenzeiger zur Sonne gerichtet ist; dann halbieren Sie den Winkel zwischen der Sonne und der Ziffer 12. Die gedachte Halbierungslinie zeigt dann genau nach Süden. Wenn die Karte nun richtig liegt, sollte es nicht schwierig sein, anhand des zurückgelegten Weges und einiger markanter Geländepunkte (Berg, Kirche, Straße, Brücke usw.), die in der Karte eingezeichnet sind, Ihren Standpunkt zu finden.

Eine andere Möglichkeit zur Orientierung ist das GPS (Global Positioning System). Mit einem GPS-Gerät kann man weltweit seine Position (Angabe in Koordinaten) bestimmen. Möglich ist dies durch Satelliten, die die Erde in etwa 20.200 km Höhe mit einer Geschwindigkeit von ca. 11.200 km/h umkreisen und laufend Signale senden. Verwendet man ein GPS, muss man das MapDatum und das zugrunde liegende Ellipsoid des jeweiligen Landes in Erfahrung bringen, weil man sonst falsche Koordinatenangaben erhält. Der Umgang mit einem GPS-Gerät verlangt allerdings ein sehr gutes Wissen im Kartenlesen und vor allem Übung im Handling.

Wenn Sie diese Anregungen beachten,

sind Sie natürlich noch kein perfekter „Kartenleser", aber Sie haben die Grundschule hinter sich – und auch hier macht die Übung den Meister! Wer richtig mit der Karte umgeht, kann „hinter den Berg schauen" und weiß, wie es dort aussieht. Er erlebt die Natur nicht nur viel intensiver, er kann seine Ausflüge den Kräften entsprechend einteilen, erspart sich manche Irrwege und kann sich in schwierigen Situationen, im Gebirge, bei Schlechtwettereinbruch usw. vor Schaden bewahren.

Die KOMPASS-Karten GmbH bietet mit über 500 Wanderkarten im idealen Maßstab von 1:25 000 bis 1:50 000 das größte Wanderkartenprogramm Europas.

Das große KOMPASS Programm mit dem Gesamtverzeichnis aller KOMPASS Wanderkarten erhalten Sie kostenlos bei Ihrem Buchhändler oder bei der KOMPASS-Karten GmbH, Kaplanstraße 2, A-6063 Rum/Innsbruck, Telefon: 0043/(0)512/26 55 61-0, Fax 26 55 61-8 • e-mail: kompass@kompass.at • http://www.kompass.at

NR.1 FÜR WANDERKARTEN

1100 Alpenblumen
1101 Alpentiere
1102 Wiesenblumen
1103 Pilze
1104 Singvögel
1105 Heilpflanzen
1106 Mineralien
1107 Haustiere-Heimtiere
1108 Küstenvögel
1109 Schmetterlinge

Sehen und verstehen

Spezialitäten!

KOMPASS-Küchenschätze

DEUTSCHLAND
- 1708 Bayerische Schmankerl
- 1711 Spezialitäten aus Mecklenburg und Vorpommern
- 1712 Spezialitäten aus Schleswig-Holstein und aus Hamburg
- 1713 Spezialitäten aus Thüringen
- 1714 Schwäbische Spezialitäten
- 1715 Fränkische Spezialitäten
- 1722 Weihnachtsbäckerei
- 1727 Berliner Spezialitäten

ÖSTERREICH
- 1700 Österreichische Spezialitäten
- 1702 Österreichische Weihnachtsbäckerei
- 1703 Tiroler Spezialitäten
- 1704 Salzburger Spezialitäten
- 1705 Kärntner Spezialitäten
- 1706 Vorarlberger Spezialitäten
- 1707 Steirische Spezialitäten
- 1709 Wiener Spezialitäten
- 1710 Österreichische Mehlspeisen

ITALIEN
- 1701 Südtiroler Spezialitäten
- 1737 Spezialitäten aus der Toskana
- 1754 Südtiroler Backrezepte

VERSCHIEDENE THEMEN
- 1720 Knödel
- 1721 Natur-Heilschnäpse, Magenbitter und Liköre
- 1723 Heilkräuter für Leib und Seele
- 1724 Das kleine feine Backbuch
- 1725 Alte Hausmittel
- 1726 Pasta, Pizza und Risotto
- 1728 Aufläufe, Gratins, Quiches und Tartes
- 1729 Strudel & Blätterteig
- 1730 Das kleine Fischkochbuch
- 1731 Das kleine bunte Salatbuch
- 1732 Das kleine Pilzkochbuch
- 1733 Das kleine Käsekochbuch
- 1734 Vegetarisch kochen
- 1735 Das kleine Buch vom Brotbacken
- 1738 Das kleine Buch vom Grillen

Erhältlich im Buchhandel und am Kiosk!

Anschlusskarten zur KOMPASS-Wanderkarte
873 Bad Liebenzell · Bad Wildbad

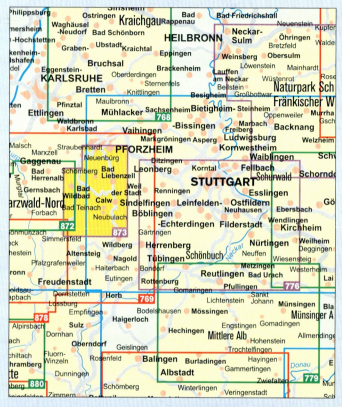

768 Kraichgau
769 Schwarzwald Nordblatt 1:75 000
776 Schönbuch - Schurwald - Neuffen - Teck „Schwäbische Alb"
779 Mittlere Alb - Münsinger Alb - „Schwäbische Alb"
872 Baden-Baden - Murgtal
878 Freudenstadt - Baiersbronn
880 Kinzigtal - Schramberg